MAMA DE DINGZHU

妈妈的叮嘱

李蔚红 著

作家出版社

图书在版编目（CIP）数据

妈妈的叮嘱 / 李蔚红著. -- 北京：作家出版社，2022.3

ISBN 978-7-5212-1768-1

Ⅰ. ①妈… Ⅱ. ①李… Ⅲ. ①家庭教育 Ⅳ. ①G78

中国版本图书馆CIP数据核字（2021）第280047号

妈妈的叮嘱

作　　者：李蔚红
责任编辑：郑建华　李　雯
装帧设计：连鸿宾
出版发行：作家出版社有限公司
社　　址：北京农展馆南里10号　　邮　　编：100125
电话传真：86-10-65067186（发行中心及邮购部）
　　　　　86-10-65004079（总编室）
E-mail:zuojia@zuojia.net.cn
http://www.zuojiachubanshe.com
印　　刷：唐山嘉德印刷有限公司
成品尺寸：145×210
字　　数：131千
印　　张：7
版　　次：2022年3月第1版
印　　次：2022年3月第1次印刷
ISBN　978-7-5212-1768-1
定　　价：36.00元

　　九月来临的时候，你就要去上大学了，要离开我们的家去北京了。

　　秋天清爽、明亮的天气里，我在为你准备行李，衣服、书籍、证件和洗漱的用具，我把它们装到纸袋里、箱包里，但是总有一些什么，它们在我的心绪里，装不到你的行李里。

　　它们是我的喜悦、担忧、期望、叮嘱、祝福，是母亲对远行的孩子所赋予的关爱、不舍等更为复杂难言的东西。它们在我的心绪里存在着，堆积着，翻涌着。

　　我也整理着它们，一天天一点点地把它们整理成了这本书。它们是你的又一份行李，也是母亲所能给予的一份相伴前行的礼物，凝聚了我最虔诚的感情和思虑。在整理它们的时候，我重新回忆、翻阅了为你写下的那些成长日记，它们已经厚厚地积累下来，像人生穿越岁月留下的脚步。

我和爸爸已经照料、呵护和陪伴过你的幼年，给了你家庭的温暖和关爱，以及成长中很多琐细的满足。我心中的信念是，我就是做不成其他的事情，也要做好一位母亲，这是我人生最重要的职责。你也给了我们很多新生命成长的清新、喜悦与欣慰。

我已经尽力地积蓄了一些家庭的财富：房子、书籍，家庭的温暖和亲情，可以供你继续读书的存款；我们一起走过的路与看待世界、人生的目光；还有我写下的一些人生记录、感悟和出版的图书。人生的财富有很多种类，它们不止是金钱。

你是在我的目光里成长起来的。我看着你蹒跚学步；看着你背着书包，第一次走出了家门；看着你在冬天的夜里，骑着自行车，匆匆地去老师家学物理；看着你头发长了，背着吉他，像一个英俊少年的样子。每一天，总是你回家以后，我看到你了，才能安下心来。

你是我最亲爱的孩子，是我血脉与希望的存在，是我人生的动力和最根本的意义，从做了母亲，我就深深地领悟了这生命的联系。

我现在还能劳作，还能给你上学的费用，还能给你打电话，在你每一次回家的时候，在家门前的白杨树下等你。但我总会在一个秋天或者冬天的夜晚老去，再也看不到太阳在早晨升起，听不到窗外树木摇动的声音。我的血液停止了流动，像干涸的河流，它们已经流淌得很久了。而你要在离开我们的家以后，有一个新的家，有你也为他们操劳的孩子们。你要在我老去以后继续美好地生活下去。

　　这份行李比另一份便于携带，并且能够长远地陪伴、帮助你。它们是你被北大预录取了以后，我零零碎碎但是用心写下的，有一些是在你和爸爸入睡以后，我看着窗外的夜色写下来的。写它们的时候，我的心情辽阔而且沉静，超越了我自己的生命，融入了漫漫时空中所有生生不息的生命大世界。

　　它们能够在我看不到你的地方，在我老去以后，替我看着你，保护着你，叮嘱着你。它们是我留在这个世界上的深爱和永久的目光。

　　　　　　　　　　　　　　　　永远爱你的妈妈

目录

1 ⋯ 看你远行

7 ⋯ 在每个早晨，把自己叫醒

13 ⋯ 制订一份新的作息表

19 ⋯ 科学地生活：做好每天的事情

24 ⋯ 科学地生活：安排好吃、穿、住

29 ⋯ 科学地生活：从容、有序地生活

33 ⋯ 科学地生活：有一个美好的精神世界

38 ⋯ 科学地生活：在白天学习夜晚睡觉

42 ⋯ 科学地生活：了解与沟通

47 ⋯ 科学地生活：养成这九个好习惯

52 ⋯ 你想成为什么样的人

56 ⋯ 树立起新生活的目标

61 ⋯ 人生，是有职责的

66 ⋯ 早起的鸟儿有食吃

71 ⋯ 遵守必要的礼仪

75 ⋯ 管好你的财物

81 ⋯ 信念和真诚

86 ⋯ 怎样度过你的青春

90 ⋯ 朋友是并肩的树木

1

95 ··· 面对诱惑

99 ··· 以友好、互利的方式竞争

103 ··· 在孤独、忧郁的时候

108 ··· 生病的时候

114 ··· 了解、避免生活中的危险

118 ··· 坚持一项体育运动

121 ··· 理解不同的人

125 ··· 享受读书与美食

131 ··· 利用写作的方式

135 ··· 理解和拥有爱

140 ··· 恋爱，选择一个适合的人

146 ··· 爱情的九个基本准则

153 ··· 失恋可以不痛苦

158 ··· 你人生不能做的事情

165 ··· 一分耕耘，一分收获

169 ··· 翻过一座座山头

174 ··· 每个时期，都要有些好朋友

179 ··· 分享快乐，分担困难

184 ··· 过一种高级、美好的生活

191 ··· 做一个对人类有贡献的人

197 ··· 感谢那些帮助过你的人

202 ··· 报一声平安

205 ··· 平安、健康，然后多加努力

211 ··· 后记

看你远行

　　你提前去北大学习暑期课程的那天早晨，说爸爸开车送你到火车站就行，坚决不让我去火车站。你自己提着行李，与爸爸一起，走下了楼梯。

　　那是一个清朗的早晨，周围的景物都像涂着浓重的油彩。车开远了，我还站在大院的门前，看你走远了的那条路，把目光铺满你走向的远方。

　　这也是我人生中非常熟悉的场景。七岁的一天，你背着书包，走下了楼梯，那时候我们家还没有汽车，爸爸用摩托车送你去学校。我正一正你背着的书包，你挥着手向我说再见，我就跟在后面，看着你和爸爸一点点地远去，直到看不见你们为止。

　　你坚决不让我去送你。你还不知道为什么一位母亲，无论她的孩子多大，无论他去哪里，都想跟在他的后面，帮他提着行李，看看他离开了家以后，到底去了哪里；看看他在那里是不是能够生活得平安、健康、快乐。她想让她的关爱、呵护，永远地跟随着她的孩子。

这是七月，你去北大开始暑期学校的学习。我从网上买了一大堆书，开始研究和撰写一本少儿读物。我也为你买了几本书，你没有回家以前，我先翻看了这些书。我翻看了《费曼的彩虹》，这本书记述了美国一位年轻的物理学家与患病后的费曼的一些对话。我和你一样喜欢费曼。我们家里有他很多著作，有一些物理理论我看不懂，但是我能够看懂这个世界上形成物理理论的那些东西。你爸爸年轻的时候，经常跟另一位研究哲学的朋友，在家里谈论马基雅维利、维特根斯坦、尼采、叔本华这些哲学家，我就边织着你的小毛衣边在旁边听，有时候也插上一两句。我的话总是让他们惊异，他们不知道我没有读过那么多的哲学书，为什么也能理解这些哲学。我就告诉他们，我是在生活的大海里，他们只是在哲学的小溪流里扑腾呢。这也是我能够理解一些物理学的根本原因，人类的生活是所有学识、思想、真理的源泉呢！

这本书里的费曼已经做了好几次癌症手术，但是他还是每天到他的办公室去，物理学的世界能激发他的好奇心，让他不断产生精辟的见解，感觉到自己无所不能，感觉自己对这个世界还有作用。他曾经把一个 O 形环浸在一杯冰水里，再拿它敲桌子，证明它冷却以后变得易碎，由此轻松地解开了航天飞机失事之谜。费曼就是这样一个非凡的物理学家，总是能够以他的洞察力击败电脑模型和超越方程。但是他最后还是死于普通的癌症。

写这本书的人，是一位年轻的物理学家，与费曼在同一楼层工作。这位物理学家说，费曼有一天去医院，大夫告诉他，他的身上发现了两个肿块，几乎可以确定就是癌肿。然后费曼抬起头来看天空的时候，天空已经变了样子。

儿子，写到这里，你就应该明白我想说的是什么了。我想说的其实很简单，就是一个伟大的人和平常生活的关系。

一个再伟大的人，有时也会生病，最后还会衰老和死亡。他们同样也会经历生活中的一些大大小小的困难，像排队、辛苦地读书、感觉困惑、到一个完全陌生的地方、受到不公正的对待，甚至被偷了钱包、失恋，等等。

所以你一个人出门的时候，我总是担心你生病或者遇到一些困难。你也选择了物理学专业的学习，在这个领域，你已经有了超越很多人的知识和能力，但是我还是不放心你的日常生活。

在这个世界上，没有人能够比母亲更深爱孩子，为孩子想得更细微、长远。

从幼至今，我一直陪伴着你成长，我希望这样的爱也跟随着你，同你在一起，在你困难的时候，安慰你；在你取得成就的时候，为你自豪；在你幸福的时候，为你喜悦、祝福。我也知道我开始衰老了，不会陪伴你走得很远，不会陪伴你走到所有的地方，甚至不会永远这样地看着你。我只是会在我还有能力的时候，这样地陪伴你，看着你远行。

儿子，你总有一天会理解这种爱的意义。人们都是在母亲离去以后，才知道世界上那个最"爱我"的人没有了。

我是在一个下午放下《费曼的彩虹》，写下了上面这些文字。它们看起来有点沉重，就像外面的天空，阴沉着要下雨的样子。让我再写上一个轻松的结尾吧。

写《费曼的彩虹》的年轻的物理学家，在一天的雨后走出了研究所，他看到费曼正站在一处平台向天空仰望着。

费曼正在凝视一道雨后的彩虹。

好像他以前没有见过彩虹的样子，或者这可能是他最后一次看到彩虹。

我谨慎地走向他，跟他一起注视着那道彩虹。

"你知道是谁最早解释了彩虹的由来吗？"我问。

"笛卡尔。"他轻声回答。过了一会儿，他直视着我问："你觉得是彩虹的哪一个特色，让笛卡尔产生了做数学分析的灵感呢？"

我怕自己又会说出蠢话来，只好反问他。

他开心地笑了，对我说："我认为他的灵感来自他认为彩虹很美。"

我轻轻地合上书，看着外面的天空。

那个认为笛卡尔分析彩虹的原因是因为它很美的有趣的费曼，已经不在了。

人的诞生、成长和最后衰亡，也是一个远行的过程。

所以，生命是在家中，也是在路上。

八月底，你就会结束暑期学习，回到家里，然后在九月正式地开始大学的生活了。

九月，是很多孩子们都开学的日子。

这些日子，我也在为你准备一些衣服、被子和常用的生活物品，你还需要买一双鞋子。过去时代的母亲，都是亲自纳好鞋底，缝一双鞋子，让孩子穿着去走千里万里，她们在明亮的日光下，或者凑近昏暗的煤油灯。一针一线的声音在游子的心头响彻着。

我再次忆起你一次次离家的场景。小时候，你早晨离去了，傍晚又放学回到家里。你回家以后，家里就忙碌和热闹起来，我的心也安宁了下来。中学的时候，你还是住在家里，在学校与家中来来回回着。但是这一次，你要住到一个远方城市的学校里了，你要过一个学期才能回到家里。

以后你出国留学，或者是工作了，再离开我们的家，怕是要几年才能回来一次了。到你有了一个新家以后，你怕是要更多年，才能回到与我和爸爸一起生活过的家里。而到我和爸爸有一天没有了，你怕是更少会回到这里。

但在我就要没有了的那一天，儿子，我一定是还在想着你会回来呢，还在为你祝福，期望你无论到了哪里，都能够生活得平安、健康、美好呢！

在每个早晨，把自己叫醒

　　孩子，有了你以后，我几乎就没有睡过懒觉。小时候，你是个睡觉很少的孩子，对周围的事物充满了好奇。早晨，你总是听到窗外的鸟叫就醒了，然后喊着："出去，出去。"我便不得不起来，简单地梳洗一下，抱着你出去。你上学以后，我便有了早起的习惯，每一天都早早地起来，做好饭，然后叫醒你。

　　叫醒你，是我每天很重要的一件事情。我会用很多适合你的方式。在万物复苏的春天，我会说，起来了，太阳照着你啦。在冬天黑暗、阴冷的早晨，我会轻轻地拍拍你的头说，到点了，起来吧。有时候，我还会唱着歌叫你，或者放一段音乐，让你自己醒来。在你醒了还不肯起来的时候，我会叫你"奥波特莫夫"，我这样叫你的时候你就会笑着起来。

奥波特莫夫是一位性情温和、做事懒散的俄国老爷，他总是在仆人八点叫他的时候，翻一个身，再睡上一个小时。九点再叫他，他才能醒来，然后慢慢地穿衣服。他穿衣服要用半个小时。仆人这时已经把早饭端到他的床前，他吃完了饭，差不多就已经十一点了。这时候，来约他一起去林中打猎的朋友早跺一下脚走了，因为太阳出来了，雪地里的动物已经躲藏起来。

他的每一个早晨都是一个上午。

他大概是由一种最迟缓和懒惰的动物进化来的。

人都有一点懒惰的天性，没有生存的压力，谁都不会一天到晚地工作。但是避险的本能又让人知道，要拥有家园、不挨饿受冻、不被人欺负就得勤奋地去做事情。

那个想在一生中多做一些事情的英国社会学家莫尔，就让他的仆人这样叫起他来：

"起来吧，老爷，伟大的事业在等待着你。"

为了生存，麻雀们总是天一亮就开始在树上捉虫子；猎豹总是四处捕食矫健、敏捷的斑马和羚羊。我们人的生活是从早晨开始到傍晚结束的，在明亮的白天工作，黑暗的夜晚休息，这已经形成一种生理上的习惯了。这个习惯对身体好，对工作也有益。有一年的除夕，你五岁，感觉自己长大了，非要守夜不可，你说你一晚上不睡了。但是午夜时，你就开始困了，你坚持着不睡，走来走去。但到了凌晨一点时，你不得不坐到沙发上，刚闭上眼，就睡着了。

生活是有规律、有秩序的。每天都有一些需要做的事情。早晨起来得早，一天中的事情也就开始得早。假如一天需要做十件事情，第一件事情做晚了，第二件第三件事情也就会随之推迟下去。

所以，在每一天早晨，要及时地把自己叫醒，让自己开始一天充实、有秩序的生活；也在每一件应该去做的事情面前，积极行动。

管理自己，是一个人以后管理家庭、管理更多的人和事务之前，首先要做好的事情。

心理学家做了个实验，让十个人来抽签，然后让其中的五个人来任经理，管理另外的五个人。这五个被随意地任命为经理的人，在交给他们的任务中，就做得相对于其他的五个人要好。

这是人的职责与心理意识对人生的作用。

有一天早晨，我一遍遍地叫你，你还不肯起来的时候，我责备了你。我说太阳已经出来了，春天的天气这么好，你赶快起来吧，然后才能有一个阳光的、清新的、营养的、快乐的早晨呢。

我说大院里刚上一年级的那个小鲁都上学去了，你怎么还躺着呢。

我说你提前被北大录取了，不用高考了，这是你自小努力的结果，但是你如果不再努力了，四年以后，你的学业就不会再优秀了，你就需要加倍的努力才能再赶上去。人生需要不断地劳作，才能够长远地生存下去，没有什么一劳永逸的事情。就像我们楼前的这些杨树、玉兰树，它们总是在第一场春雨以后，就萌发自己的叶苞，绽出自己的花朵，并且让暖风带走它们的种子。它们从来没有懈怠，没有辜负过季节。

我说你十八岁了，人生最美好的年龄呢，你应该多读点书，练练琴，就是出去跑跑步也好，以后工作了，会忙得没有时间来做这些事情的。

这些年来，都是我在叫醒你、催促你，起床、吃饭、上学，甚至晚上去洗澡、睡觉。我经常想到非洲原野上的那些羚羊妈妈，它们在跟随着羊群奔跑的时候，会突然停下来，躲藏到一丛丛灌木后面生下它们的孩子。每一只羚羊妈妈都会边机警地望着四周，边舔着孩子身上的血迹，催促它赶快站立起来。刚出生的小羚羊总是软弱得站不起来，但是妈妈却毫不松懈地催促。小羚羊只得挣扎着，前腿挺了起来，后腿却又软了下去。妈妈便再温柔但是坚决地催促。微风吹干了身上的黏液，小羚羊在一次次的挣扎中，终于站立了起来。

如果没有妈妈们的催促，跟不上奔跑的群体，就没有谁能够保护它们，它们就会被猎食者扑倒，成为食物。

人的一生，也需要不停地向前走去，需要劳作来换取食物，不能随便地在一处地方停止不前，也没有什么事情能够一劳永逸。

你就要离开家庭，住到学校去了。早晨，没有人会一遍遍地叫醒你。你上网的时候，也没有人告诉你已经夜深了，应该休息了。甚至你病了，也得自己托同学向老师请一下假。

你要在每一个晴朗的早晨，把自己叫醒；也在每一个阴冷的早晨，把自己叫醒。你可以对着窗外的景物说一声早晨好，让自己有一种主动、美好的心情，让生命有一个清新、快乐的早晨，让生活有一个坚实的连接与开始。

那些不能把自己叫醒的人，是身体不舒服的人，是年老体衰的人，是不再想充实生命的人，是没有了能力的人，是不幸的人呢。

有一年冬天我犯了颈椎和腰椎病，突出的椎间盘压迫得我头晕，腿不能走路。一个多月了我都走不出家门。我想我大概要这样躺下去了。春天在我的床头悄悄地来临了，麻雀在窗外的树上起劲地歌唱着。有一天，我尝试着走下了楼梯，走出了大院。我一直向前走去，走上了屋后的山坡，走到一些老人健身的平台。我扶着一棵松树，兴奋得想大声喊叫："我能够走路了，我又有了能力了！"

在生命的每一个光明的早晨，躺着睡懒觉，是不会有收获与喜悦的，还会生出一些生存的无聊和烦恼。很多人都开始运动、学习、工作了，时光在我们的身边流淌着。

快乐地起床吧，每一个早晨都是真实、美好的。

制订一份新的作息表

你幼年的时候，每个新学期或者假期来临，我都会跟你一起制订一个作息表。我们俩总是商量着，把这一段时间里，你要做的一些重要事情，每天几点起床、吃饭，然后再做什么事情，都大致地确定一下。还有外出游玩的地点、时间写具体、详细。

这样的作息表，让学习和生活有计划，也有秩序。它们很像是我们玩跳房子游戏时画出的一个个格子，让我们的行为，在匆忙的时空中，有一些大致的限定，并且尽量在规定的时间内去做好。

这样科学和有秩序地生活，很从容和自由呢。

我们俩一起制订第一份作息表，是你刚上幼儿园时。你那时候还不懂自然、社会为什么有规则。你每天只想着玩，不知道为什么要按时起床，按时弹琴，你还不想让我管着你。

但你要进入一个小社会了，要遵守一些群体的规则了，每天早晨要按时起床了。我想让你自己学着管理自己，我问你早上几点起床，你说八点吧。我说八点我要上班去了，幼儿园八点也要关门了。你说那就七点吧。我们就确定了早晨七点起床。我说下午从幼儿园回家后就先弹琴，弹完琴就可以出去玩，或者在家里玩，一直玩到睡觉。但如果回家先玩的话，就会玩得忘记了弹琴，我会不时地叫你弹琴，叫得你玩起来也不安心。你说那就先弹琴吧。

后来你上小学了，每天有老师布置的作业要完成，我们又制订了一份新的作息时间表。

每个假期开始，我们也会制订一份怎样学习、玩耍和到哪里去旅游的时间安排表。

我们有了很多不同的作息表，至今我还保留着它们。

在幼儿期、小学、中学、大学等人生的不同时期，有着不同的学习和生活内容，所以最好都有一份相应的作息表，以便能够让生活有规可循，使自己更好地学习、休息和锻炼身体，管理好自己。

记得你小学时学过一篇课文《寒号鸟》。在一片古老的森林里，阳光明媚，鸟儿们欢快地歌唱并且辛勤地劳动，它们捕食、筑巢、繁育着后代。但是有一只贪玩的鸟儿，只喜欢玩耍，不想劳动。有好心的鸟儿便提醒它："你快垒个窝吧，不然冬天来了怎么过呢？"这只鸟儿不在意地说："冬天还早着呢！趁着今天的好时光，还是尽情地玩耍吧！"冬天很快就来临了，寒冷的夜晚，周围的鸟儿们都躲进了自己的巢里，而这只没巢可住的鸟儿就在寒风里冻得瑟瑟发抖，一声声地哀叫着："哆啰啰，哆啰啰，寒风冻死我，明天就垒窝。"第二天，太阳出来了，万物沐浴在阳光中，这只鸟儿完全忘记了昨天的痛苦，又快乐地玩耍起来。日子就这样重复着，人们便把这只总是在寒风中哀叫的鸟儿叫作寒号鸟。一天晚上，寒风呼啸，大雪纷飞，森林里再也没有听到这只鸟儿哀叫的声音了。

我们生活在自然、社会这些大环境中，它们都有着运行的规律，所以每个人便要尽量地去适应这些规律。有计划、有规律、有秩序地生活，这不仅有利于身体健康，也能够做事情心中有数、事半功倍。在中国的农村，农民们讲究春耕、夏播、秋收、冬藏，这是依据四季变化来劳作与收获的规律。在学校里，要白天上课，夜晚自习和休息，这是利用日光和人体生物钟的规律。

没有规律的生活，则会晚起、迟到，把 A 时间段里的事情推到 B 时间段里去做，自己本该主动去做的事情弄得总被人催促着。这样就会把生活弄得一团糟，不仅做不好事情，心里也不快乐。

　　但是生活也不会完全地按照我们的设定来，总会不时地有一些变化，比如有了新的学习和工作任务；比如来了同学，或者要参加一个临时的会议；再比如身体突然有些不适等，这就要根据情况来调整作息，使自己适应需要和变化，不耽误完成那些重要的事情。

　　作息表就是对自己学习、工作和吃饭、休息这些事情的科学安排和管理。

　　有了安排和管理的生活，就像把各种用品整理得井然有序的桌面，能够让人活得更从容、轻松，把事情做得更有秩序，更有效率。

　　在大学里，每一个新学期的开始，都自己制订一份新的作息时间表吧，贴在床头或者桌前，它能让你进入一个新的时空，并且自由、充实、从容地生活呢。

　　关于人体的生物钟和作息安排，有很多的研究，据说下面这一份是世界上最有益健康的作息时间表，你可参考一下：

　　6：00　起床。

　　英国威斯敏斯特大学的研究人员发现，那些在早上5：20—6：00之间起床的人，其血液中能引起心脏病的物质含量较高，因此，在6：00起床对身体健康更加有益。

　　喝一杯温水。水是身体内成千上万化学反应得以进行的必需物质。早上喝一杯温水，可以补充晚上的缺水，并为新的一天充上水。

7：00—7：30　吃早饭。

早餐必须吃。伦敦大学国王学院的营养师凯文·威尔伦认为："早餐可以让我们维持血糖水平的稳定。"早餐可以吃燕麦粥、牛奶、面包等，这类食物具有较低的血糖指数。

步行上班。马萨诸塞州大学医学院的研究人员发现，每天走路的人，比那些久坐不运动的人患感冒的概率低 25%。

8：00　开始一天中最困难的工作。

纽约睡眠中心的研究人员发现，大部分人在每天醒来后的一两个小时内头脑最清醒。

11：30—12：30　在这个时间里午餐。

午餐前吃点水果。这是一种解决身体血糖下降的好方法。吃一个橙子或一些红色水果，这样做能同时补充体内的铁含量和维生素 C 含量。

你需要一顿可口的午餐，并且能够缓慢地释放能量。它们包括豆类、蔬菜、适当的肉类等。

12：30—14：30　午休一小会儿。

雅典的一所大学研究发现，那些每天午休 30 分钟或更长时间，每周至少午休 3 次的人，因心脏病死亡的概率会下降 37%。

17：00—19：00　锻炼身体。

"根据体内的生物钟，这个时间是运动的最佳时间。"舍费尔德大学运动学医生瑞沃·尼克说。你可以从事打球、跳绳、跑步等活动。

19：00—19：30　晚餐。

晚餐少吃点，吃得太多，会引起血糖升高，并增加消化系统的负担，影响睡眠。晚餐应该多吃蔬菜、水果，少吃富含卡路里和蛋白质的食物。

20：00—22：00　看会儿书或电视。

这个时间放松一下，有助于睡眠，但要注意，尽量不要躺在床上看书或电视，这会影响睡眠质量。

23：00　洗个热水澡。

"洗个热水澡有助于放松和睡眠。"拉夫堡大学睡眠研究中心吉姆·霍恩教授说。

23：30　上床睡觉。

如果你早上6点30分起床，现在入睡可以保证你享受充足的睡眠。

任何试图更改生物钟的行为，都会给身体留下一些病因，有一天会影响到你的健康，使你难以正常地工作和生活。

科学地生活：做好每天的事情

生活就是我们人生的活动、经历，有着连续性，它是丰富、变化的，所以，每天都有一些必须要做的事情。

我们就以科学、美好的心态和方式，来对待这些事情。

我们每天要做的事情，大致有这些：

常规的事情：就是每天都要做的、有序的事情，如穿衣、吃饭、听课、读书、跑步、写日记等。

临时的事情：如代同学请假、买课外书、看球赛、洗衣服、清理房间等。

急迫的事情：需要马上去做的事情，如交报名表、还信用卡、与老师讨论论文等。

这些事情，又可分为重要的与不重要的事情。如上课、交报名表、与老师讨论论文等，是重要的事情；而跑步、买课外书，是相对不重要的事情。急迫的事情，一般都是重要的事情。

重要的事情：就是那些忘记了、拖延了会影响到其他事情，甚至带来损失的事情，比如老师布置的作业、论文，约好了的出行等；有些持续的事情，也是重要的，坚持下去才能完成，如一个持续的实验项目、一篇撰写的论文等。

不重要的事情：是那些一时不做，也不会有大影响的事情，如理发，今天不去理发，明天、后天去也行。

每一天，我们一定要先把那些急迫／重要的事情，在合适的时间里做好。再从容地做那些常规／重要的事情。有些常规的事情，可以在安静下来的晚上做。那些临时／不重要的事情，就顺便做，适当做，或者改变方式去做，实在不能做的，就延迟几天去做。

一些休闲的事情，比如弹琴、看球赛。有空闲做很好，能够放松和快乐。但学习紧张时，也可以不做，或者改变方式去做。

根据我们的时间和能力，合理地安排、处理好了这些事情，我们的生活就从容、有序，人会变得踏实、有成就感，心情就好，不然就会出现一些小麻烦、小差错。

这样，我们就能够把每一天的时光，都很好地利用起来。并且一天天地用这些做好的事情，筑起我们的人生。我们不做什么事情，不一定没有烦恼；而做了很多的事情，却可能充实而且满足。并且人的潜力是很大的，安排好了，一下午也许可以做好六件事情；而没有安排，杂乱无序，却可能一件事情也做不成。

一天中，你一定要用精力最好的那段时间，来做最重要的事情，比如思考、撰写一篇论文，做一门专业课的作业，或者完成老师布置的学习任务。如果一时分不出哪一件是最重要的，那就做最需要脑力的一件。

在有些困倦和疲劳的时候，就看看电视或者打打电话，上网浏览一下新闻，也可以散散步，感受一下周围的景物，或者与同学聊聊天，一起去打打球。

先做重要／急迫的事情，再做其他的事情，是最好的做事规则。如果有些重要事情是需要连续做的，今天做不完明天还可以接着做，而有一件小事下午五点以前不去做就没有机会了，也可以放一下大事情，抽一点时间来做完这件小事情。比如，你在写毕业论文，这是一件大事情，大约需要两个星期，而今天的学位申请却是最后一天。那么，你就要马上去完成这件小事情。这里要提示一点，关于申请学位、报名考试一类的事情，一个个程序看起来是琐碎的小事情，但最后却能影响大事情。它们一般都有从什么时间开始到什么时间结束的限定，所以花费同样的时间，最好能在开始的一两天做好，而不要拖到最后一天。最后一天如果有什么特殊的事情，你忘记了，或者是不能前往，那就麻烦了。

对一些准备去做的事情，最好提前有一些了解，查一下相关的资料，也可以向有经验的人请教。我每次给你买衣服、鞋子以前，都问一问身边一些家里也有孩子的人，他们会告诉我什么牌子的舒适，在哪家商店，什么价格能够买下来，甚至告诉我去这些商店怎样坐车。这些指点让我省去了很多时间和心力。

如果有一件或者两件小事情，由于疏忽耽误了，比如一个讨论会，或者一位同学的生日宴会，那就马上询问一下讨论会的情况，有没有与自己有关的内容和需要自己做的，也打个电话向他人诚恳地解释一下。但是事情一旦过去，就不要反复地责备自己，要放下它们，投入眼前的事情。这样才能够补偿在一些小事情上的损失。还有些小事情，可以随时做，如看了一封电子邮件，能够简单地回复，就回复了，因为一放下，就有可能忘记，或要重新打开看。

每天上床入睡前，可以在大脑中，大概地总结一下今天做了哪些事情，哪些事情做得很好，哪些事情需要继续；第二天有哪些事情需要做，怎样安排它们，同时把需要用到的证件、物品，找出来放到书包里。然后安心地上床，放松、睡觉！

每天早晨起来后，也都先想一想，今天我有什么重要的事情要做，有什么必要的事情要坚持做，有什么小事情可以顺便做，然后脑子里就有了一个行动图。

在适当的时候做适当的事情，分清轻重缓急，会事半功倍，减少很多不必要的麻烦。一天是这样，一年是这样，一生也是这样。司马迁在《史记》里说，要春种，夏长，秋收，冬藏，就是这个道理。

我八岁时，曾经突发奇想，要学着泥瓦匠的样子，为家里养的一只鸡垒一个鸡窝。我用五六天的课余时间，准备泥土和砖块，然后在一个星期日的上午先做完了作业，下午开始了劳作。我和好了泥，再一块砖一块砖地垒着。鸡窝的屋顶还要像人住的房屋一样，盖上檩条和防水的草席。我的手上、衣服上都沾满了泥巴。但是鸡窝垒起来以后，我清扫完垃圾，看着那像圣殿一样的建筑，心里洋溢着成功的喜悦。那是我最深切的一次对劳动和收获的感受。那以后，我就时常去体验这样做事的感受。

我还养成了顺便做事情和同时做两三件事情的习惯，比如去超市买肥皂时，顺便到邮局取了稿费；晚上刷牙时，把相关的几个英语词句复习一下，把第二天要做的事情规划一下。

你童年时，也有很多这样的劳作与收获。你能够专心、有序地安装复杂的玩具；从容地完成学业、考试。现在你上大学了，更有智慧和能力了，一定能够把每天的事情做好。

科学地生活：安排好吃、穿、住

吃、穿、住是我们生活的基础和保证。

在社会心理学家马斯洛的需求层次理论里，人的需要就像金字塔的形状，对食物的需要排在最基础的位置上。一个人只有基础的需要满足了，不饥肠辘辘、头晕眼花了，才能去满足高级一些的需要。

从小你就肠胃不好，很喜欢吃的食物，吃得也很少。在家里，我知道你喜欢吃什么，什么适合你，也注意着各种营养搭配。但是在学校里，食堂是面对大家的，你可以选择自己喜欢的饭菜，如果没有适合口味的饭菜，也要想到身体需要，想到营养均衡。人生病的时候，不是连苦涩的中药，都要喝下去嘛。

你要吃好早饭，鸡蛋、牛奶、面包还有豆浆、稀饭，都尽量吃。一定不要在匆忙的时候不吃早饭，而在中午的时候，又胡乱地填一下肚子。午饭和晚饭，要配一些菜、肉。每天也尽量吃到水果，新鲜的西红柿、黄瓜、萝卜洗干净了，也可以当水果吃。

吃好了饭，身体就有了能量，可以正常地运行了。而当你感觉到饥渴的时候，身体就已经匮乏了。

住就是住所，是我们放置私人用品和睡觉的地方。你离开了我们的家，去求学时，你要住在学校里；以后出国留学，可能还要在学校附近，租一个住处。

住的地方最好能朝阳、通风、安静，生活用品要干净。周围最好能有一些绿色的植物，它们清新着周围的空气，是人类最好的邻居。但是如果这些条件都没有，也不要在意，只要安全就行。如果感觉到有些不安全，就要考虑换一个地方。

你六岁的时候，写过一篇《创造晴天》：

今天从早晨就开始下雨，不能出去了。我在家里读《哈克贝利·费恩历险记》。里面的好几个地方都让我忍不住笑了起来。我像是在家里创造了一个晴天。

我在农村插队的时候，四五个人住在一间四壁透风的简陋土房里，但是我们在墙上贴几张风景画，在桌子上摆一张家人的照片，房间里就温暖、明亮了起来。

你可在桌子上放几本书，方便阅读；可在床头放下你的吉他。然后每天回来以后，冲一杯咖啡或者热茶，生活的气氛就会弥漫开来。寂寞、孤独的时候，你还可以给朋友打电话，或者坐到桌前，写写日记。

如果有一起居住的同学，要与他们成为好朋友，互相关爱、帮助，一起清理卫生，分享食物。朝夕相处的时光，会留下很多美好的记忆。对那些来自不同民族、特殊家庭，甚至有生理缺陷的室友，要尊重他们的个性、生活特点，一定不要嘲笑他们，有看不惯与小冲突的时候，一定要谦让、忍耐，吃点亏也没有什么。我大学时有一个强势的同学有一次丢了钱，她竟然一个个地翻同宿舍的我们每个人的床头、衣物。我当时很愤怒，但还是克制住了。第二天，钱在自己家中的衣袋里找到了，她回来向我们道了歉，我们也原谅了她。除了误会，一起居住的人，也可能有个别不良性情、行为的人，一定不要激怒他们。实在难以忍受，就想法换一下居所，避免发生一些不良甚至危险的行为。

在穿衣上，主要是蔽体、御寒，但我还是希望你穿得干净、舒适，在一些社会活动场所，穿得正式、得体。棉和丝是天然的衣料，它们由棉花和蚕丝纺织而成，用它们做成的衣服，捧在手里，轻轻地吹一下，阳光和空气就能够透过去。所以，贴身的内衣最好买棉或者丝质的。

衣着虽然也能体现人的职业、经济状态和所受的文化、教育，但我们可以简朴，不必讲究华丽。

古希腊人穿长长的棉袍，宽松而且优雅；法国作家巴尔扎克，经常披一件破旧的棉大衣，坐在巴黎的咖啡馆里，他没有名声的时候，人们不在意他，有了名声以后，他也不在意人们怎么看他了。据说大物理学家爱因斯坦，经常下雨也不打伞，不戴帽子，他说头发淋湿了容易晾干，而打伞和洗帽子却很麻烦。

物理学家费曼参加国际性会议的时候，总是想法逃出统一安排的高级酒店，自己去住一个出租的小公寓，他想看到周围其他领域的人生。

音乐家海顿年轻时生活贫困，租住在一处小阁楼上，破旧的屋角能看到夜空，他便乐观地宽慰自己："我这里离星星最近呢！"

生活在于身心的需求与感受，人们有相同的需求与感受，也有一些不同的需求与感受。有能力的人，能够在艰难的环境中，也很好地生活。

有一件事情你要注意，就是在参加宴会时，尽量不要喝酒。酒是在人类社会发展中形成的一种饮料，有兴奋的作用，代表一种礼仪，但也有麻醉的作用。爱因斯坦年轻时，为了保护脑神经，更好地思考物理学问题，就拒绝喝酒，甚至拒绝参加一些宴会。

吃、穿、住都没有问题了，还要有规律地运动。我们的身体需要新陈代谢、气血畅通；身体的运动还能分泌多巴胺，让人愉悦。你可以每天跑跑步，或者打打球。雨雪天，可以在室内做一些适当的运动，或者洗洗衣服，打扫一下卫生。坐在电脑前面时间长了，就起来伸展、走动一会儿，避免眼睛干涩、颈背僵硬、腰酸腿疼。

生命在于运动，学习、进取、活动身体，都是我们身心的运动。

科学地生活：从容、有序地生活

一日有早晚，一年有四季。自然界和人类社会都有着一些存在、运行的秩序，我们每天的生活，便遵循着它们的基本秩序，也有着自己的一些小秩序。

早晨是一天的开始。每天早晨醒来时，我们都可以向自己问声好，边穿衣服边想一想，我今天都要做什么，先做什么，再做什么，顺便做什么。

晚上，一天就要结束时，我们可以收拾一下用品，考虑一下明天要做的事情，准备好可能用到的物品。

你在家里时，每天晚上上床前，都有收拾书包的习惯，因为第二天早晨你要早早地起床，匆忙地吃饭，然后背起书包就上学校。事前有准备，事后有回顾，这是一个很好的习惯。

希望你现在也保持这个好习惯，每天睡觉以前，大致想一想，今天有什么事情没有做完，明天有什么重要的事情需要做，有什么作业要交给任课的老师，课间可以与同学交流一个建模问题，下午下课以后去图书馆借什么资料，然后回宿舍洗衣服……

一天中的事情，有着前后的次序，一件事情，也有着起始、过程和结束。如我们早晨都是先穿衣再洗漱、吃早饭；用电脑，都是先开机，使用，最后关机，这就是这些事情的次序。还有些事情，是连续的、长期的，需要深谋远虑。比如想出国留学，就需要保持优秀的学业成绩，还需要提前学习外语，参加托福考试等。这些都不是一蹴而就的，需要提前几年就考虑、准备，甚至从小就开始规划。我很庆幸你在小学时，就开始学习英语。

你年幼在家时，有些事情我能够为你考虑，提醒你。现在你离开了家，就要自己考虑，并且提醒、催促自己了。不要因为疏忽，而耽误了一些重要的事情。

有秩序地生活，就是要根据事情的需要，有计划地去完成。并且事前有考虑，事后有回顾。

计划每一天的事情，也计划每个学期、每一年的事情。这个学期我要学习哪几门课程，假期最好安排哪些事情；今年我应该完成什么，明年才能够参加哪个考试。

一生要依据自己的身心条件、志向，也依据社会的需要，有个大概的人生蓝图，一步步地向前走。

而没有计划、秩序的生活，就会被动、错乱，疲于应付。

我曾经插队农村，做过两年知青组组长。我早晨要早起，招呼大家醒来，吃饭，一起下地干农活。每天傍晚收工后，大家吃晚饭时，我要去分管知青的一位农村大叔家，汇报知青们的劳动情况，领受第二天的任务，然后在夜色和狗吠声中赶回知青点，给大家分配好明天的农活。这样的生活很艰苦，但是磨炼了我，让我有了坚强的意志和吃苦耐劳的能力，也学会了生活的规则和秩序，有了效率和成功。

我也总是在提前思虑一些事情，如你小学毕业后，进入哪所中学好；秋天时，就准备好全家冬天的衣被。我也养成了同时做两三件事情的习惯，如看电视的时候洗衣服，陪你上绘画课时带一本书读。

你也已经有了一些生活的秩序，有的很有效率。比如每次考试前的重点复习与物品准备，你都能够从容地一一准备好，所以这些年的重要考试，你都没有慌乱和出差错。

大学里有了新的生活，老师不会像对待中小学生一样，详细讲解、要求了。任课老师大都是讲完了课，甚至都不知道你有没有上课，就转身离开，课后不容易找到。所以在学业和课余安排上，都需要自己管理好自己。

需要自己制订一个学期计划、目标计划，就是这学期里，我要完成哪些课业，取得什么成绩；大学四年，我除了完成学业，还想做哪些重要的事情。

你想在学业上扎实、优秀，就要付出一步步的辛苦努力。

你想大学毕业后出国留学，还要学好外语，在大二、大三时考一个托福。最好还要有一些科研经历。

大学是人生的一个重要时期，是一个学习知识，增长智慧、才能，打下专业基础的时期。每一天、每一个新学期，都在组成、成就我们的人生，认真地经历它们，让自己从容、有秩序地生活，留下美好的校园生活记忆吧。

科学地生活：有一个美好的精神世界

世界上，有着各种身心不同的人，每个人都以自己的出身、家庭和文化教育背景形成的人生观念、人生方式生存着。

有人继承着家族、父母的职业与信念。

有人立志成为政治家、军事家，或者科学家、教育家、企业家。

有人写下了"留取丹心照汗青"。

有人认为人生要及时行乐。

有人认为人生长远，要考虑子孙后代，还要考虑他人。

精神世界就是我们在成长中，形成的一些人生信仰、观念、生活准则和学识修养，它们就像每个人的意识中心，指挥、决定着我们的判断、心态和行为。美好的精神世界，能使我们做正确的事情，有益于自己的身心，也有益于他人，并且在贫困、艰难甚至危险的环境里，都能够克服困难，坚强、快乐地生存。

中国北方的一个小镇上，有一条横贯东西的街道，雨后总是泥泞不堪，路过这里的人，都踮着脚，边走边抱怨。但是有一个男孩子，却找了三块砖，用它们轮换着铺成一条前行的路，他先把三块砖摆成三个支点，两脚踏到前面的两块砖上站稳后，再把后面的一块砖移到最前面去。他边向前走着边快乐地说："这条移动的路，真有趣，真有趣！"小男孩对待困难的不同态度，带来了不同的行为与心情。

北宋时，苏轼被贬谪到海南，他在孤独、艰难的生活中，带领当地人民开渠、耕种，还创建了那里的第一座书院，教孩子们读书、识字，让蛮荒之地的生活变得美好，有了意义。

英国的达尔文从剑桥大学神学院毕业后，不想做一名神父，他跟随"贝格尔号"军舰环球考察，忍受着晕吐等各种身体不适，采集所到之处的各种动植物标本。在加拉帕格斯群岛上，他发现了动物形态与环境之间的关系，比如不同的鸟类，由于食物的不同，而形成了它们形状、坚硬程度不同的喙。他认真、深入地思考这些问题，提出了生物在环境中的进化理论，写出了影响至今的《物种起源》。

十四世纪初的苏格兰国王罗伯特·布鲁斯，为赢得苏格兰的独立，他带领军队与英格兰的军队交战了六次，但六次都失败了。他躲藏到一处山洞里，绝望地观看着头顶上一只结网的蜘蛛。这只蜘蛛试图把它的网挂到洞壁上，但爬来爬去地尝试了六次，都没有成功，像他与英格兰军队交战一样。但这只灰褐色的蜘蛛没有放弃，它又爬行着尝试起来，终于成功地搭好了网。布鲁斯受到了启示，他振作起来，返回了苏格兰，率领另一支军队打了个胜仗，迫使英格兰承认了苏格兰的独立。

古今中外，人们在每年的一些节假日里，都有祭奠祖先、伟人、英烈的仪式，虔诚地缅怀着他们。这也是因为他们的生命曾经拥有、闪耀过的精神和为现代留下的福祉。

我们在一些古老的建筑上，即使一些破落的农舍，也能看到一些雕刻、字迹，它们都是生命存在遗留的一些文化意识。

我们总是在生存中经历、感受着，也感受着自己的身心。我们对事物的感受、认知以及对自己生活的控制，都是思想意识的作用，都形成着我们的精神世界。我们的爱、信仰、人生观和价值观等，也都在精神世界里。

每个人都有一个自己的精神世界，它们因人而异。

我童年时，读了很多神话故事、英雄故事，我向往成为一位有仁爱心怀和权力、财富的国王，为天下的穷人们提供衣食等福利。青年时代，我的人生信念受到了奥斯特洛夫斯基的影响："人最宝贵的东西是生命。生命只有一次。一个人的一生应该这样度过：当他回首往事的时候，不因虚度年华而悔恨，也不因碌碌无为而羞耻。"

这样的生活目标、观念，让我如清教徒般自律，顺应社会的要求成长，总是珍惜时光，勤奋学习，不做不良的事情，不畏惧艰难困苦。

现在，我没有做国王的向往了，我只是一位作家、一位母亲，但我依然严格地自我要求着，承担着各项职责，努力把生活中的事情做好。

我每天都读书、学习，总是用心地感受生活，每有思想灵感产生，即使半夜里，也爬起来写下来。我研究世界上那些优秀母亲对孩子的教育，她们为我带来了生活的榜样、标准，丰富着我的精神世界。

你童年时，读了一套《科学家的故事》，深为弗莱明、伦琴、居里夫人这些科学家的奉献精神所感动。记得你认真地告诉我，你以后也要像他们那样，有发明创造，并且无偿地让人类使用，不要专利。

你现在一定也有生活的新目标和向往，有目标和向往，生活就有动力、有意义。

人的一生，都在经历、成长着，精神的世界也在充实、改变着。我们要让一些正确、美好的事物和意识，充实、丰富我们的精神世界；而不要让颓废、懒惰、纵情享乐，甚至违反社会伦理、法律的生活现象，影响我们的思想意识，占据我们的精神世界。我们要控制自己，不看黄色的视频、图书，更不去赌博、吸毒和淫秽的场所，不参与为非作歹的事情。

环境总是很容易影响我们，比如一位沉溺酒杯的父亲，容易引起家庭的争吵、暴力；一个经常为生病的同学买饭、倒水的室友，容易让周围的人感到温暖。身边的自然事物，也能够影响到我们。

每一处地方，都有一些让人感动、赞美的人性，也都有一些让人恐惧、厌恶和失望的事物。环境能够影响一个人，社会能够驱使一个人，但是强大、美好的精神世界，能够让我们正确地理解、选择自己的行为，让我们在无知时，知道学习；在困难时，忍耐、坚强；在社会动乱时，相信动乱终会过去，生活会安宁、有序、和平起来。

你现在成年了，独立生活了，你的精神世界，一定也会随着生活，装进新的东西，它将支撑着你长远的人生，决定你有一些什么样的作为，成为一个什么样的人。

我期望你的精神世界，更丰富、坚实和美好，在你孤独、忧郁的时候，在你沉溺、迷茫的时候，在你取得了成就的时候，都有正确的判断与控制自己行为的能力。

这样的精神世界、精神生活，不仅能够支撑你长远的人生，也能够支撑家人，甚至影响广大的社会。

科学地生活：在白天学习夜晚睡觉

我们的现代生活跟过去有了很多不同。

有了火车、飞机和公交车、自驾车以后，人们可以快速到达几乎所有的地方。以前我从济南回老家平度，要坐一天的长途汽车，中午就带几个煮鸡蛋吃。现在坐动车，从济南到北京只需三个小时。

有了网络以后，人们的生活又发生了一些新的变化，甚至不用出门就能做很多事情。一些形容现代人生活行为的词语也随之出现，像宅男、宅女，在家办公等。这两天我还看到美国哈佛、普林斯顿等大学公开了一些课程，人们可以在世界各地的家中，坐在电脑前，就接受世界一流的教育了。

人类的生活方式是由科学技术带来的生存工具的变化而一步步在改变着。也许真的是 A 使用的一件工具的不同，便形成了 A 与 B 之间的生活方式的不同。

　　我时常留意农村田野的变化、城市建筑物的变化、年轻人发式和衣服以及语言的变化，它们确实与过去有很多的不同。我们俩这两年，也因为作息不同不时地发生小冲突，比如你有时晚上坐在床上用电脑，一直到凌晨两三点钟还不睡觉，而第二天的上午又不起床；有时候你天亮时才躺下睡觉，这样便要睡一整个上午了。如果第二天上午有课，你便在最后一次闹钟铃声过后匆匆地起床，一脸疲惫地赶往教室。

　　由于作息的改变，你很少能够接触到日光。俗话说万物生长靠太阳，人类应该是在长期的进化中利用日光的一种生物，眼睛的感光、骨骼的形成等，都与日光有着紧密关系。另外，你夜晚和白天颠倒使用，还带来一个饮食不规律的问题。你几乎就不吃早饭了，午饭由于刚刚睡醒、身体还没有开始活动，也吃不下多少，你一天的饮食需要都集中到了下午和晚上。

　　我询问一些熟悉的人，他们的孩子几乎也都是这样，甚至从美国回来的几个留学生也是这样。在假期里，如果没有急迫的事情，他们都会这样白天睡觉，晚上学习。

　　这也许是这个时代的一些生存工具，形成了你们这些年轻人的特点。

　　但是一些进化生物学方面的实验显示，人的身体在凌晨两到四点时，最脆弱和容易受到伤害，因为这时候的生物钟使身体放松，心跳缓慢，血压和血黏度最低。研究人员在各行业进行了长期的调查，发现上夜班的人群癌症的发病率高于白天上班的人群。在对人的视力进行的研究中发现，色彩是大脑创造出来的感觉，对色彩描述的语言，来源于我们需要的程度。那些长期生活在密林深处的欣巴人，他们对绿色的分辨能力最好。而大部分人的眼睛对红、黄光线最为敏感。这两种光线通过视网膜反射到脑神经，能够唤醒那些行动神经；而夜晚的黑暗通过眼睛传递给大脑，大脑则会发出睡眠的指令。

所以，我还是想把我认为那些对身心更有好处的生活经验告诉你：

1. 晚上没有重要事情的时候，尽可能地在十二点以前睡觉。然后早一些起床，利用好日光，让灿烂的阳光唤醒生命，在黑暗的夜色里则安心地睡眠。

2. 要吃早餐，并且吃好早餐。早餐可以简单，但要富有营养，有基本的蛋白、碳水化合物，最好还有一点水果、蔬菜。如果没有条件，你可以喝一袋温热的牛奶或者咖啡，然后吃两片面包加一个煎鸡蛋。

3. 每餐喝碗稀饭。中国人有喝稀饭的习惯，稀饭由小米、绿豆、红豆、大枣、莲子、薏仁等煮成，能够和胃，还能吃到多种植物的营养。有一些汤类，像姜汤，还有祛寒、暖胃的作用。

4. 早晨刚起来空腹时，或者冲完澡后，不要喝凉水，要喝一杯温水。

5. 所有吃的喝的食物，太凉的太热的都不好，跟我们人体的温度接近最好。

6. 在生命的每个不同的时期做适合的事情，在童年撒欢、玩耍、成长；在少年读书、学习；在二十五岁左右恋爱；三十岁以前结婚、生育；在青年、中年时为事业和家庭学习、奋斗，为养育孩子而辛苦忙碌；在老年的时候安宁地回顾、总结人生……

生活总会有些偶然的事情，需要我们根据所处的环境去调整习惯，我说的是在平常的情况下，尽可能地遵循自然规律，协调生命的生物钟。必要的时候则需要作出改变，也锻炼一下自己的应变能力。

期望你能够美好地度过生命的每一天。

科学地生活：了解与沟通

　　我们每到一处地方，都要了解一下自然环境与社会环境，这是我们在长期进化中形成的避险与适应本能。人类以外的很多生物也有这种本能，如跳到地面上觅食的松鼠，都是先静静地隐在落叶中，感受一下周围有没有危险，确定没有危险以后，才放心地寻觅食物；一只误入他群的恒河猕猴，要缩着身子、紧张地观察群猴的反应，确认它们对待自己的态度是友好的还是排斥的，以便迅速地应对。

　　自然环境包括我们的食、宿、出行的地方，它们是怎样的，是否安全、便利？日本、菲律宾这些岛国，夏天常受台风影响，强台风会带来一些局部的灾害。到这些地方旅游或者定居，就要提前了解一下当地的地形、出行方式以及台风的预防常识等。

如果是长期学习、工作的地方，我们还要了解当地的地理、气候、水源，甚至一些野生动物的活动。有一个到印度留学的中国女生，所在的学校离恒河不远，入学不久，她在恒河岸边看到了混浊的水流，上面还漂浮着一些水葬后的衣物。她因此不再喝自来水，不得不重新申请了另外一所学校。

社会环境是我们的人文环境。我们在生活中要接触到各种人，他们是我们的同学、同事、邻居、城镇的警务人员等。我们生活所在地的文化、历史、宗教、民俗、法规等，也属于社会环境。

由于不同的地理、历史，世界各民族都形成了不同的社会生存环境，就是同一社会、受过同等文化教育的人，也会由于出身的家庭不同，而有着各种不同的生活方式。

宗教、习俗与社会法规，是我们特别要注意的，如信奉伊斯兰教的女性，她们外出都是要披戴头巾的，外人不能随便拉扯她们的头巾。我国的回族居民，认为猪是宗教忌物，如果在他们面前随便地谈论猪，或者与他们分享猪肉，都会触犯他们的禁忌。社会的法规更是我们应该遵守的，如学校的考试规定，在校学生不得在校内抽烟、喝酒等，违犯了这些规则，我们将被视为违犯了校规，甚至留下一个不良的记录。

有一部影片《走向深渊》，讲述了这样的故事：两个利用暑假自驾去墨西哥旅行的美国女孩，迷路后进入了一个土著部落。她们不了解部落的习俗，语言不通也难以解释、沟通，被囚禁了半年多，直到有来此旅游的人收到她们求救的信息。

了解了基本的自然环境、社会环境，我们就有了生活的依据、规则。我们可以适应和利用自然环境，同时在社会环境中，与人们友好地沟通、相处。

与自然环境的沟通，要懂得一些物语。物语就是我们与自然环境的对话。万物都是有其存在规则的，了解、掌握了它们的规则，就是懂得了物语。

懂得动物的物语，就是了解它们的习性，也了解它们与人的关系。比如狗这种动物，是有攻击性的，即使家养的狗也有。我们要与它们保持一定的安全距离。植物是众多生物的庇护者与食物，人类的生存需要植物，我们要了解常见的树木、果实，蔬菜乃至一些野菜，了解它们对我们饮食、健康的作用。

海洋、山岭，也是有物语的，它们能够告诉我们地球的年龄、发生过的一些重大变化，也能告诉我们即将发生的海啸、地震、火山喷发、泥石滑落等。了解和观察、研究它们，除了安全的需要，也能增长我们的乐趣与学识。

我们在社会环境中，与人沟通的基本要则是：

1. 与一般的人，表达我们的善意。

2. 与需要、期望交往的人，真诚地介绍自己，也从他人的回应中了解他人。在互相熟悉、信任以后，留下彼此的联系方式，以方便联系，增进友好、互利的关系。

3．关心、帮助他人时，先让他人理解我们的好意，然后给予对方容易接受的建议、方法，避免他人的误解与误会。

4．观察、学习他人的行为，经常向他人询问、请教。这样的谦逊姿态，更容易赢得他人的好感、接纳、相助。

我们在不同的社会环境中，如果寻求到一些相同的人性、志趣，也在不同的存在中，学习一些我们欠缺的技能、认知，就能够丰富我们的人生。更重要的是，可以避免一些自然环境、社会环境潜在的危险。

这样，在任何环境里，我们都能够把不利转化为有利，把好的事情做得更好。

你是一个性情温和、内向的人，不擅长与陌生人交往。但与不同的人交往，适应环境，是我们生存的需要，也是可以学习的。

微笑、问候是社交的通行证，也是友好的交往方式。见面微笑、打招呼是我们很容易做到的；相处中的一次谦让、提醒、关心，都可以增进我们与他人的友好关系，让彼此成为一生的好朋友。

我们与家人，也要及时沟通。在日常生活中，互相关爱；有重要事情时，要互相告知；在遇到麻烦、困难时，一起想法面对、克服。有一些家庭的疏离、伤害，就是缺乏了解与沟通造成的。

　　我们自己归根结底也是自然环境、社会环境的一部分。我们在每个地方的每一种生活，一起构成我们的人生。

　　每天早晨，对着身边的人、窗外的景色问声好，微笑一下吧，生活也会因此而美好、快乐！

科学地生活：养成这九个好习惯

每个人都会形成一些生活习惯。

习惯就是由于人们经常重复一些言行，逐渐形成的生活定式，它们是一些做事情的秩序与方式。比如，人们一般都会在早晨起床后，洗洗脸，以干净、清爽的面目来开始一天的工作或学习;而在吃饭前，洗干净手，这就是卫生习惯。再比如，一些信仰基督教的家庭里，小孩子会每天跟着父母做晚祷，天长日久，他们也就养成了这种习惯。

人们的习惯都是出于生活的需要，它们有些是在家人的培养下形成的，有些是环境的作用形成的。在日复一日的生活中，每个人都会或多或少地形成一些习惯，那些好习惯能帮助我们，让我们生活得有序和快乐。

自然，我们一定也会不知不觉或者下意识地形成一些不良的习惯，它们可能是由于我们的懒惰、随意、贪图玩乐或者心存侥幸。比如，出门前不考虑要做的事情，不检查要带的东西；比如晚上睡觉前不刷牙；比如玩电子游戏，吸烟，赌博等。这些不良的习惯，占用我们的时间，消磨我们的心志，影响我们的进取，甚至危害我们的身心健康。

所以，无论在家里还是在社会中，我们都要养成一些好的习惯，它们能够为我们的生活带来秩序、效益、便利，也带来健康、美德、成就和快乐。同时，我们要防止形成一些不良的习惯。

我有一个男同事，他童年时家庭贫困，长得瘦弱，但父母亲为了节俭，总是为他缝制肥大的衣服，以便多穿几年，所以他每天便不时地往上提裤子。多年以后，他来到了大城市工作，衣食丰足，人也健壮了，但他童年时的这个不时往上提裤子的习惯保留了下来。我们经常会看到他在往上提裤子，有时他在会议上，也会不由自主地往上提一提裤子。这是一个让人心酸的习惯。

你从小就是一个有认知能力的孩子，已经领悟并养成了一些很好的习惯，比如，放学以后，你总是先完成作业与学校布置的事情；晚上入睡前，总是整理好第二天要带的东西；你在外出旅游时，书包里总是带一本可以随时阅读的书；每次重要的考试前，你都能沉下心来，考虑和记下一些注意事项。

但这两年，我发现你有了两个新的改变：

一个是晚睡晚起，早晨不吃早饭了；

再一个是不写日记了。

这两个行为，第一个不利于身体健康；第二个不利于记录、反思自己经历的一些重要事情。它们也许还没有完全成为固定的习惯，我希望你能认识到并且重视它们。

好习惯不容易养成，不良的习惯却很容易形成。

而美好的、有成就的人生，是有责任与秩序的，也是要自律的。所以我们要管理好自己，经常明确一下目标，调整一些行为。一个想成为舞蹈演员的人，就要每天坚持艰苦的形体、音乐训练；一个想成为演奏家的人，也要每天坚持练习演奏。

一个人的习惯甚至会影响到家庭、社会，形成家庭与社会的习惯。欧洲有史以来很重要一本书《纯粹理性批判》的作者康德，是一个生活极为自律、守时的人。他的自律、守时甚至体现在散步上。每天下午，伴着教堂传来的四点的钟声，工作疲劳了的康德必定出门散步。他散步也总是沿着一条小菩提树路，走八个来回，并且风雨无阻，就像精确的钟表一样，以至于哥德堡大学附近的很多人家，都用他的出现来判断时间。市民们在满怀敬意地与他打招呼时，也总是趁机校正一下自己的钟表。

康德不只有散步这个习惯，他还坚持每天早晨五点起床，晚上十点准时上床，并且能够一躺下就入睡。对人生有追求者，对自己的思想、言行必有管理。这种管理让康德在哲学研究和教学上，颇有成就，使他成为影响近代人类的伟大思想家，身心健康地活到了八十岁。至今在哥德堡大学，还保留着他的教位。

所以我期望你能养成和保持这九个好习惯：

1. 每天按时起床，吃早饭。只要坐到桌前，就开始学习、工作。

2. 每天先做必要的、重要的事情，即使玩乐，也选择那些有趣味、有意义的，不做那些只是消磨时间、有损健康的。

3. 一些重要的、常用的证件，放在随身的书包里，比如身份证、钱包等；而一些重要的、不经常用的证件，比如学位证书，就放到宿舍的橱子或者箱包里。这些物件用过后都放回原处，再取用时就方便了。

4. 我们总是生活在相关的群体里。家庭、学校、工作单位都是一个个群体。在家里，我们进出都要跟家人打个招呼，出远门时更要说一声，免得家人担心。在学校里，出校门、出远门，也要跟同学、老师说一声。这样有重要的事情，或者我们遇到困境、麻烦时，家人、学校能够及时地找到我们。

5. 有了重要的学术灵感、思想和经历了重要生活，要随手记下来。

6. 小事情要随手做，比如接到了会议通知、来往的邮件，随手就回复和安排。

7. 重要的事情，要认真对待，考虑周全，做好充分的准备。如演讲，或者申请学位、工作职位。

8. 温故知新。每晚睡前，都能够静心一刻钟，回顾做过的事情，计划次日要做的事情。

9. 早起后、晚上睡觉前，喝上一杯温水。这是个不重要但有益身体健康的小习惯。

这些习惯一定会让你的生活从容、有序，使你受益终身。

你童年的时候，我还没有这方面的理性意识，工作、家务也忙碌、辛苦，我只是凭着本能与经验，引导、陪伴着你养成了每天放学后先做作业的习惯；晚饭后我们一起读书、交流的习惯；周末、假日，我们去自然环境中健身，也观察、了解自然现象的习惯。

现在你独立生活了，要在新的环境里，靠自己保持这些生活的好习惯。

你想成为什么样的人

我七八岁的时候，随祖母回老家，看到老家街头上有很多吃不饱饭、穿着破衣衫的人，还有残疾的孩子、失明的老人。我便想成为一位"国王"，有能力让这些可怜的人过上富足的日子。

我在农村插队的时候，想成为一个埋头苦干的人，勤劳、简朴，也用自己的苦干，改变贫困、落后的农村。

开始写作以后，我又想边写作，边做一位编辑，能够随时、自由地发表自己创作和自己欣赏的作品。

我是一个对生活有向往、对自己有要求的人。我向往着美好的事物，遵守着勤劳、不做损害他人和社会的事情这些信念。我还有干净的癖好和完美主义的倾向，宁肯苦、累、麻烦一些，也要把事情做好。那些能够做好的事情，如果由于缺乏经验和粗疏出了差错，我会很难过。

我对家庭的要求是，简朴、舒适，能够照进阳光和看到自然的树木，有美好的爱和温暖，有很多可读的书。我会在天冷的时候，把棉衣脱给你；爸爸会在危险的时候站到我们的前面；你也会在我和爸爸遇到困难的时候，想办法帮助我们。

爸爸是个很随和的人，他也有些生活的向往、目标，但很容易在现实中满足、改变，这与他童年时被人收养、随遇而安的经历有关。这使他对自己和他人都没有太高的要求。有人叫他去吃饭，他会放下自己的事情赶过去；身边的人提议他去干什么，他会不加考虑地接受。他缺乏实现自己目标的意志和引导他人的能力。生活经常不由自主，便会浪费时间和留下一些遗憾。他如果晚上睡得少了，早晨就会不起来。所以有一段时间，他贴在床头的字条是："起来吧老爷，伟大的事业在等待着你呢！"

而我总感觉时间少，只能做重要的事情，所以很少跟人闲聊，也很少去应酬。我晚上睡得晚了，早晨也坚持起来。我想努力去做好一些艰难的事情，成为一个有社会价值、受敬重的人。

孩子，你想成为一个什么样的人？想从事什么样的职业？想有怎样的收入和社会地位？

你想成为一个什么样的人，就要对自己有一些相应的要求，并且管理自己，一步步地按照这样的要求去做。

幼小时，你对我说，你想当一个交通警察，指挥路口的汽车。那时候，你喜欢各种各样的汽车，你还拆下玩具装甲车的发动机，安装到四驱车上。后来你又想到弗莱明上学的圣玛丽医学院，你说你要有发明创造，并且不要专利，让人们无偿使用。再后来，你又喜欢上了物理，想成为爱因斯坦那样的物理学家。

随着成长，你的愿望也在随着对现实的认知而改变。中学时，你向往着上一所好的大学，并且为此刻苦学习。上了北京大学了，你现在的理想是什么？

进入一所理想的大学，只是人生的一个目标，一个学习、成长的场所，它提供给你有学养的老师、朝夕相处的同学和高深的专业知识，要成为一个什么样的人，还要靠你来运用这些知识。

你要成为理想中的人，还需要注意实现的方式以及动力。

我很期望你成为这样的人：在一所大学或者研究所里，用得上自己的专业和学识，受人尊敬，身边有一群志同道合的同事朋友。你有一个舒适的家庭，有美丽、善解人意的妻子和三四个可爱的孩子。你们生活简单，但是身体健康、心情快乐、衣食无忧，有充裕的时间可以做自己喜欢的事情。这样的人生也适宜你的性情。

你现在成年了，你期望自己真正成为一个什么样的人？

社会心理学家认为，一个人的理想，对他的人生很有影响。他会有一个具体的目标，为此去要求自己。

一个人如果对自己有要求，对生活有要求，那么就可能有那么一天，他真正成为了自己想成为的那个人，拥有了自己想要的生活。

孩子，你现在刚进入大学，根据你的理想和能力，认真地想一想，你想成为一个什么样的人，想拥有怎样的人生？然后就以此要求自己去做吧。

树立起新生活的目标

从童年到青年、中年、老年，人生是有一个个时期和阶段的，生活也是有一个个目标的。

有一个小故事《小狗的目标》，讲述了驯养一只宠物狗的故事。

有一对年轻的夫妇，为他们的孩子买了一条小狗，还专门请了一位驯兽师来训练小狗。驯兽师第一次来的时候，就问他们这只小狗现在的目标是什么。这对夫妇感到很意外，他们没有想到这只小狗还有什么目标。

驯兽师说："你们是想让小狗来看门，还是让它跟孩子们玩耍，还是另有其他的用途？这就是小狗要达到的目标。不然，没有目标，我就没法训练它。"

一只小狗都要有目标，更不用说人了。

我们每个人自小到大是不断变化的，人生的目标也是随之改变的。

在幼小的时候，父母可以帮我们设定一个个的目标，如先进幼儿园，然后六岁时上小学；五岁就开始练体操，中学时参加比赛，成为一个体操运动员。这样的目标自然会有父母的愿望在里面。

在你出生以前，我为你定的目标是平安、健全。

上幼儿园了，你的目标是学习一些生存的知识、技能，学习识字、绘画、弹琴、计算，与同龄人交往，等等。

小学时，你的目标是学好课堂知识，同时广泛地读课外书，打下一个坚实的人生基础。

初中时，你的目标具体了，就是进入我们所在城市的最好的实验中学。

而在实验中学里，你的目标是努力学习，争取进入一所全国重点大学。

现在上了北京大学，你的愿望是什么？你想有一个什么样的目标，并且怎样去实现它？

你的一生，就由这一个个的目标，走向可从事的职业，再一步步地走向职业的成就，它长远、神圣，是你人生的愿望和理想。

人生的自然过程就是：出生—成长—成熟—衰老—死亡。

由此我们就可以在每一个时期，设定一个小的目标和方向；在整个人生中，设定一个远大的目标。

水是按照地形向前流动的，人的一生也应该沿着目标前行。有了目标，就有了路标和方向，就容易一步步顺利地走下去。

有一位已经去了哈佛读书的高年级同学说，他在大学时看哈佛，就像中学的时候看北大。

他还说，在大一的时候，就应该打下扎实的专业基础，并且学习一些与专业有关的知识，确定自己本科以后要选择的学习、研究方向。他在大一的时候，除了努力学好物理专业的课程，又去学习和了解一些化学专业、生物专业的课程。这些课程有些交叉的内容，对他的物理专业很有用。他还在暑假开始时，申请进入了一个科研小组，进行理论生物物理方向的研究。大二结束的时候，他已经学完了所有大学的课程，还发表了两篇科研论文。他喜欢并且确定了，把生物物理作为自己以后研究的方向。

开学了，你也需要想一想，树立一个大一的目标、大二的目标，还有整个四年大学最后要达到的目标。

你是不是还喜欢物理？你认为你的天资、性情和思维方式最适合做什么，在哪一个领域里最有前途？

在很多时候，一个人的意识、观念往往决定着他的行为。

有一个老实巴交的农民，没有读过多少书、见过多少世面，听人说多修路子孙后代就会有出路，他便每天都抽出一些时间去修路。他扛着一把铁锹，自己村子里的路，邻近村子的路，只要看到坑坑洼洼的路面，就会停下来，铺石、填土。他修了一辈子的路，成为了四邻八村都知道的一个人。他没有成就什么大事业，但他给人们提供了很多便利。

一个人的目标也是由身处的环境、需要与向往决定的。

有一个想成为医生的人，是由于他在童年的时候，经历了疾病的痛苦。他的父亲在四十几岁的时候，就患病去世了。他想靠医术来治病救人，获得人们的尊重。

一个选择了信息科学专业的学生，是想以后容易找到工作，并且有高年薪。他认为信息科学是最有发展前途的一门学科。

一个每天清晨在校园的湖边背诵外文单词的女生，是想通过托福和 GRE 考试，去美国留学。她想学习国际政治，以后在政治领域里有所作为。她的父亲是中国一位拥有权力的人，她从小就受到家庭的影响。

美国第三十二任总统富兰克林·罗斯福，他的堂叔西奥多·罗斯福曾经担任过美国总统。他深受影响，向往着自己能像西奥多·罗斯福那样，也成为一位美国总统。他确立了自己的人生目标以后，就进入了以培养政界人物为目标的格罗德学校，后来又在哈佛学习了政治学、历史学和新闻学，在哥伦比亚大学学习了法学。结束了学业以后，他涉足政界，由纽约的参议员到海军部长，一个目标一个目标地努力，最终成为美国任职时间最长、最伟大的一位总统。

所以，有了正确的人生目标，努力地向前走下去，就总会一点点地接近目标，终有一天会实现这些目标。

你中学的时候，我们节假日开车去旅行，都是先问问每个人想看什么，然后就根据季节和时间来确定一两个地方。比如想看田园风光，我们有四五天的时间，就确定去沂山。确定了地点以后，再在网上查找通往沂山的道路。一个地点往往会有两三条可以到达的道路，我们选择了途中可以看到大峡谷和诸葛亮故居的那一条。然后我们就上路了。那些从来没有到过的地方，我们沿着已定的大致方向，慢慢地也就走到了、看到了。

自然，我们也可以选择最近的一条路，还可以加快速度。

除了学习上的目标，你是否还有一些生活上的大大小小的目标？它们也许与你学习的目标并不冲突，甚至能够使你更快捷地实现学习上的目标。你也把它们一一地树立起来，让它们能够看得见、走得到吧。

人生，是有职责的

记得你被北大提前录取后，你说是实现我的愿望了。

我说上一所最好的大学，不也是你的愿望嘛，我的愿望都是由你的愿望产生的呢，我们的愿望是一致的。

我想你这么说，可能是一直生活在父母身边，有些事情总觉得是按父母的要求去做的，你刚刚成年，还没有真正感受到自己的责任。

我们每个人的人生，在不同的时期，都是有一些职责的。这些职责有家庭职责、父母职责、社会职责等，它们让我们因此承担起一些责任，不只是为了自己，也为了他人和社会。这样，我们的人生就完整起来，就更有意义了。

我现在有很多的事情，就是为了父母，为了你，甚至为一些朋友，为社会去做的。这些人的事情，其实也是我自己事情的一部分。比如，姥姥、姥爷退休了，年老了，开始生病了，有些事情没有能力去做了，我要为他们买房子、买药等。我和爸爸也要给老家里的爷爷、奶奶寄钱。照顾、赡养他们，是我们做儿女的职责。我在你童年时，每天要为你做饭，现在要给你交生活费，了解你的学业情况，提醒你饮食、健康、与老师同学交往等一些应该注意的问题……这是我养育孩子的职责。我每天做编辑工作，在图书的内容、文字上，从来不敢马虎、敷衍、出差错，因为这些图书，会有很多的读者阅读，我要对他们负责。做好工作，这是我的社会职责。

自从有了你，我一直都是把你的事情，看作是我的事情，甚至比我自己的其他事情都重要。我呵护你的安全；陪你做游戏，读书；在你生病的时候，放下工作来照顾你。你幼时，有时胳膊会脱臼，去医院很麻烦，我甚至学会了为你接上胳膊。

中学的六年里，你中午都在姥爷家吃饭。姥姥和姥爷总是精心地为你做饭菜，保证营养丰富，以使身体健壮。有一次，姥爷病了，他在医院里还想着为你做饭，他说他要赶快好起来，就是爬着也要为你做饭，一直做到你上大学。

你的老师们也在承担着他们的职责。你初中时的一位物理老师，只教过你几次课，却总是喜欢看到你。有一次，他在路口看到你，就骑着摩托车追上你，只为了鼓励你几句。他说相信你以后能获诺贝尔奖呢。

英国社会学家塞缪尔在《人生的职责》里讲述了十五项人生的重要社会职责。有兴趣的话，你也可以读一下这本书。

越是有能力的人，能够承担的职责就多一些、重一些。比如学校的校长，承担的职责就要比教师多；一个国家的总统承担的职责就更重大，关系着一个国家的安全、国际交往、国民经济等各方面。在第二次世界大战时，德军攻占了波兰、捷克、法国等国家以后，开始侵犯英国。英国的海军大臣丘吉尔临危受命，担任了首相，带领英国人民与侵略者浴血奋战。为了人民的信任，他在演讲中表述："我没有别的，只有热血、辛劳、眼泪和汗水奉献给你们。"他的办公室里摆满了地图，他经常彻夜不眠，守在电话旁边。当伦敦遭到一场大规模空袭后，他乘坐敞篷车亲自到城毁、居民伤亡的现场，流着眼泪向居民表示："我知道你们的痛苦，我同你们在一起！"他甚至承担起世界反法西斯战争的组织、决策、指挥重任。他在回忆录《第二次世界大战》中详细记录下了这些经历。美国的物理学家费曼，也记录下了他参与失事航天飞机事故鉴定的过程，他坚持把真实的原因写进去，不然他就拒绝签字。这是他作为一名科学家的职责。

随着成长，你也会相应地有一些要承担起来的职责。有职责，也是有能力的体现。

从小，你就经常给我们家带来一些惊喜和快乐。你会说的第一句话，画下的第一幅画，迈出的第一步，甚至一次小小的调皮，都让我们欣喜。上学以后，你又带回了成绩单、老师的表扬和各种奖品、证书。你总是让我们感到欣慰、自豪和骄傲。

记得小学二年级时，有一次放学后我去接你，看到教室里只有你自己了，你正用力地拖着讲台的地面，拖完了，又去卫生间冲干净拖把放到门后。你认真地干着，满脸汗水，但是一丝不苟。你放好了拖把，看到黑板还没有擦，又踮着脚擦好了黑板。你说一起值日的其他同学都让家长接走了，没有干完的事情就得你干完了。我站在教室门口耐心地等着你，心里为你负责的行为感动着。

中学时，你每个周末与几个同学一起，去福利院辅导那里的残疾孩子，那也是一种关爱他人的责任。

我们的社会，是一条互相联结着的生存链，每一个人都是一个联结点，会影响到其他人以及整体的生存。有些岗位的职责特别重要，比如军事指挥员的职责，火车、飞机驾驶员的职责，外科医生的职责等，他们的失职，将带来很多人生命的直接伤亡。

所以，我们每个人，从懂事起，就开始有了一些职责。我们要了解这些职责，承担好这些职责，特别是一些重要的职责。

一个人在学生时期，主要的职责就是好好学习，掌握知识、技能，打好人生的基础。这样，在踏入社会后，自己才能承担起养家立业的职责，承担起社会赋予的工作职责，甚至承担起国家赋予的一些重任。

我们每一个人的人生，都与很多人联系在一起。我们的身上流动着祖先的基因；从小享受着家人的养育、疼爱；上学以后，我们穿着校服，代表着一所学校；出席国际会议，我们代表着一个国家、一个学术领域；在广大的自然世界里，我们代表着人类。而这一切，从根本上，也是为了我们自己。

人生，能够承担起自己的各种职责，真的是成熟、有能力的表现。

塞缪尔认为：

克服一切艰难和甘冒生活风险地遵从职责的召唤，是人生文明的、高尚的体现。

我们为自己，同时也是为他人、为社会，这样的人生才踏实、美好、有意义。这样的人生才值得追求和为之奋斗。

早起的鸟儿有食吃

北京大学是九月份开学，但是七月份的时候，你就和一个同学去了学校。你们选了几门暑期课程，这样开学以后，就可以多选学其他的课程了。

我一直鼓励你提前学习，中国有句俗语叫笨鸟先飞，美国的俚语则说：The early bird catches the worm。

你们在一个夏天的早晨，每人背着一把吉他去了校园。

开始的日子，你们每天去听课，下课以后穿过校园里的甬道走回宿舍。星期天，背上吉他，到未名湖边弹奏，看着那些来来往往的高年级学生和各种肤色的留学生，新鲜而且好奇。你还去清华大学的校园转了转，告诉我清华的校园比北大的还要大。

我每天都发一条短信，问你饮食起居怎样、学习怎样，有没有感冒，你总是回我一个简单的"好"字。

有一个简单的"好"字，我就知道你在什么地方、是平安的，也就满足了。你成年了，总是要一次次地离开家，去独立生活，总是要一点点远离父母的呵护，去寻找自己的爱情，建立自己的家庭和事业的。

你不在家里，我和爸爸不用每一顿饭都认真地做了，似乎有了很多的时间。我开始整理我的书稿，在每一个下午和夜晚。我喜欢你在家里的那种忙碌但是满是生机的感觉，我也知道我必须开始我不同的人生历程了。

七月十八日，济南下了一场多年未见的大雨，有十多人遇难。你得知这一消息后，主动发来了一条短信，问我和爸爸有没有淋着大雨，问我济南大雨的情况。你还给姥姥也打了电话，问她的糖尿病怎样了。你说你同学的姥姥刚打过一个电话，她长了喉癌，要动手术，动了手术就不能说话了，所以给你的同学打了最后一个电话。你一定是由同学的姥姥想到了你的姥姥，想到了爸爸妈妈。你开始承担这些责任了。

你们暑期里的学习是一个月，二十几天很快就过去了。一天下午，我突然连续收到你发来的短信，你说你换北京的手机号了，这样打北京的电话费用就能少一些。你还同我谈论爸爸对事物的理解和反应问题，因为他反问你有一个手机号了，怎么又换了一个。我说他的脑细胞总是单线型的，你说肯定是，说完以后我们都禁不住笑了。

我问你买水果吃了没有，身体怎样，你也都——详细地回复我。你还告诉我你已经买了回程的车票。

晚上我给你同去的那个同学家里打电话，他的妈妈也一直牵挂他，我想告诉她你们回来的时间。但是她却告诉我一个意外的消息，说她的孩子已经回来了。他第一次离家出去这么长时间，太想家了，他听完了课，但是没有等到参加最后一门课的考试。

我这才明白你为什么突然给我发了那么多短信。你一直没有说你想家了，你不肯说，但我知道你一定也很想家。

但你坚持留在那里，等待着考试。你没有半途回来，你认为应该让所有的课程都有开始，也有结束，你用理性控制住了自己。

我发给你一条长长的短信，说这两天中央台有一个希望英语大赛，参加比赛的选手要经历十多场的选拔，才能进入市里、省里的比赛，才能进入全国二十强、十强、八强的比赛。一场接一场的比赛，让他们极度紧张、疲惫，当主持人宣布一个个被淘汰的选手，每一次，他们的心都会随之怦怦地跳动。但是那些留下来的选手，那几个男孩子和女孩子，还是振作着精神，认真沉着地回答着考题，不放弃点滴的努力。我想起你从初中起，参加全国物理比赛的一个个过程，也是这样坚持和努力。你在考前的夜晚，睡下以后又会起来，写下一条条注意事项。

你知道人生有些时候不能松懈，现在坚持几天参加了考试，就会节约以后的很多时间和精力。

我告诉你这些，是让你知道一些比你更艰苦努力的人。我还给你发了：The early bird catches the worm。我这些日子每天学一点英语，有些句子竟然能够记住了。

我最后还发了一个儿童笑话给你，想让你忘掉孤独。

一位父亲教儿子算术。他问："一个苹果加一个苹果是多少？"

儿子说："不知道。"

父亲就生气地说："是两个，笨蛋！现在知道了吗？"

儿子说："知道了。"

父亲又问："那你和我，加起来是几个人？"

儿子脱口而出："是两个笨蛋。"

发完了短信，我沉默着坐下来。我其实也是很想你能早一点回家的，你从来没有离开家这么长时间，你以后就要住到学校里，一个学期才能回家呢。我们家从来没有缺少你，你在家里的时候，带给我和爸爸很多信心和快乐呢！但你没有告诉我想家，我也没有告诉你我是多么盼着你回来。我们都是不愿意这样表达出来的人。

一个人要做成一件事情，要做得比其他人好一些，就得这样，即使他富有天资，也需要付出很多艰苦的努力，因为他要去做，他要坚持，他要在受别人影响的时候也不放弃。

而要做得好一些，也得比别人做得多、做得早一些。

早开始一步，你就会早发现一些需要应对的问题，就会有充分的时间来调整自己。

你在小学和中学时，每个学期开始前，我都要买回新课本，让你先看一看，了解开学后要学习的内容。在大学里，我不知道你需要什么样的课本了，你要自己想法买到，提前看一看。你现在的学习和考试，就是在为正式开学做准备呢。

无论做什么事情，提前一点，早走一步，你就会从容有余，就可能占有优势，甚至成为领头羊。这就是早起的鸟儿有食吃的道理。

遵守必要的礼仪

中国的父母亲，在遇到熟人的时候，都会让身边的孩子喊伯伯、阿姨，或者其他一些称呼。

这是见面打招呼的礼仪。

礼仪就是人们在社会交往中的一些礼节和仪式。

人类的礼仪来源于共同生存的需要与约定，在陌生、敬畏的事物面前，在需要互相了解和交换物品的时候，都需要一些互相了解、表达尊重的言行。比如在原始时代，两个不同部落的首领会面，为了表示和平、友好，就约定，走近时双方都点起一堆烟火，以表示和平、交往的诚意。没有看到对方的烟火，走到对方的领地上，会被视为冒犯，将会有危险。这礼仪沿袭、演化下来，便形成了很多国家的迎宾仪式。

甚至人类以外的生物，也有着它们的礼仪。一头雄狮在进入其他狮群领地的时候，需要先放慢脚步，低低地吼上几声，以试探一下主人的态度。领地上的狮子就会边吼边冲过来，查看来者的意图。

礼仪以各种不同的形式表达着人们社会交往的规则。

我国的《诗经》里，就有了"礼兮乐兮，矩步方行；有斐君子，持礼立身"。孔子也强调："不学礼无以立。"这里的礼，就是社会的规则。不了解和使用社会的规则，就不能安身立命，治国平天下。

所以，我们要了解和遵守生活中一些必要的礼仪：

如家里来了客人，要起身问候。如果是你的朋友，要请他们坐下，然后以适当的方式招待他们。

你请朋友吃饭，要尽量照顾到每一个人，让他们吃得舒服，聊得开心。请女孩子、老年人吃饭，你要主动付费，要是他们特别坚持，那么你们也可以随意。如果与几个朋友一起旅游，那么你们可以 AA 制。与同学们聚会的时候，可以放松、自由，随便地说笑；在一些比较正规的宴会中，比如你获得了一项学校的奖学金，学校的领导宴请你们几个获奖的人，就要穿戴整齐，饮食适度，言谈讲究一些了。

春节、新年等重要的节日，除了家人团聚，也要问候或者去看望重要的师友。看望他人的时候，尽量提前打一个电话，约定地点、时间，使被看望的人有所准备，也免得自己前去，被看望的人却不在。看望年长的、尊贵的人，特别是需要他们帮助的时候，最好带一份礼物，礼物不在轻重，能够表达心意就行，鲜花、水果，都是人们喜欢和实用的。有时候甚至可以带一本好书，自己的著书就更好了。我的一个朋友出国回来后，就送了我一本书，她知道我喜欢书，还在扉页上写了一句祝福的话，让我感觉到一种精神的愉悦。

在异国他乡学习、工作，回老家的时候，有时间要去看看那些曾经疼爱过你的亲人，姥姥、姥爷，姨姨、舅舅；去看看特别有感情的老师、同学。如果实在没有时间，打个电话问候一声，再解释一下不能去看望的原因也好。

生活中有很多繁复的礼仪，它们引领着我们，让我们顺利地进入一个个陌生的环境，尊重和了解共生的事物。自然，有一些陈旧过时、让人厌倦的礼仪，你也可以不在意它们，但是适当地讲究一下，能够避免不必要的麻烦。

有一些礼仪很浪费时间，让人感觉是一些无聊的客套。比如宴请的时候互相敬酒和祝愿。我年轻的时候，曾经反感它们，现在想想，它们其实是借这种场合在表示感谢、恳请关照、表达善意以及达成一些共同的目标。

人们也经常使用礼物，礼物的来往一般遵循着"来而不往非礼也"的原则。就是说，当他人赠送我们礼物以后，我们要表示感谢，也要在适当的时候，回赠他人。人类学家莫斯著有一本小书《礼物》，他认为礼物是有"灵魂"的，每一件礼物都承载着要表达的心意。有兴趣的话，你可以读读这本书。

一些必要的礼仪、礼物，能够促进感情，解除生疏和尴尬，增进彼此的友好关系。它们让我们走进一扇扇门，了解一个个人，与他们建立起共生的关系。

而人与人的交往中，最重要的还是要诚挚。一颗诚挚的心配上适当的礼仪，就是美好和有意义的。

管好你的财物

　　我们的生活，是需要一些钱和物品的，它们可以不多，却是我们的基本所需。

　　我们要学着管好自己的这些财物，使用得当，避免因浪费和债务造成压力。这样，也可以为我们管理更多的财物积累经验。

　　你小的时候，我们这个城市里的出租车起步价是五元钱，从我们每天晚上学琴的儿童活动中心回家，正好是五元钱。但我却很少打车，坚持每天用自行车从学校接了你，然后在活动中心的长椅上等两个小时，再载着你，赶回家里。我们回家的路，有一段长长的山坡，我要使劲地推着你，推不动了，就让你下来，一起慢慢地走上去。正是晚上九点左右，我们都又累又饿，不想走路了，但我们还得坚持。夜晚的山路上，有时有一阵阵的冷雨，有时有飞扬的雪花，有时有弯弯或者是圆圆的月亮。有月亮的时候，就是我们很美好的时光了。我经常望着头上的月亮流下眼泪，它一直在看着我们的生活呢，看着我的付出和你一天天的成长。

有一次，我看着又圆又大的月亮问你："你看月亮像什么？"

"像个烧饼。妈妈，我摘下来你尝一尝吧？"你其实是饿了，才把月亮比作烧饼。你向天上挥一下手，然后把手放到我的鼻子上，又放到自己的鼻子上，就算是我们品尝了月亮这个烧饼。

我们没有很多的钱天天打车，我们要把钱用在上学和学琴、学画这些重要的事情上。在农村里，有一些穷困的人家，连上学的钱都没有，他们要卖了刚刚收获的大豆和玉米、卖了圈里的猪，才能凑齐学费。

比起他们来，我们的生活其实是富裕的呢，你一直上最好的学校，我们从没有为交学费发愁。我们家里也有很多图书，它们使我们的精神也很富足，我在每一次等你的时候，都能从包里拿出一本好书，开始学习。

我还为几个贫穷的孩子捐过钱，为我插队的那个农村里的一位老人寄过钱。你中学毕业的时候，获得的第一笔奖学金，也寄给了贵州山区的一所小学。

我们也有过经济困难的时期，在为姥姥筹钱买房子的那几年。我曾经买过几张体育彩票，幻想能中一个大奖。我还让你买过一张，跟你讨论如果中了一百万元，你想用来做什么。

"先给姥姥买一所房子吧。再给你买一辆汽车，你就不用骑自行车了。"你认真地说。

"你怎么不给自己留一些？"我不解地问。也许是你一时还不需要用钱来买什么，也许是你没有想到自己，你竟然没有说要为自己买什么。

"那我就买一辆四驱车吧。"你说的四驱车，是一种你最喜欢的玩具车。最好的四驱车，大概也就一百多块钱吧。

我们家的钱，其实不多也不少，很符合希腊人的观点：太多的钱会使一个人不知道工作与收入的关系，不知道生存的艰难；而太少的钱，又会使一个人吝啬和只顾及眼前。

你就要上大学了，要开始独立的生活了，我交给你第一笔生活费以后，想对你说说怎样管好自己的财物这个问题。

任何时候，你手里的钱，都要先保证基本的衣食住行，然后再用于其他的消费，比如听音乐会、旅游、请朋友吃饭、购买高档用品等。如果你在后面的这些事情上花费多了，就会影响到基本的生活。

手里一时没有钱的时候，你也可以借同学、朋友的，只要是必须、正当的生活需要。同时要考虑到你的归还能力，在有了钱以后，就马上归还。

同学借了你的钱，小数目的，忘记了就算了；如果数目较大，而你自己又需要用，就应该提醒一下，不要觉得为难。如果他真是忘记了，就不要在意。对于那些总是借钱不还的人，就不要借很多的钱给他。

身边的人生病了，你为他买了药品，如果他给你钱，你就应该收下。如果你为他买了饭，买了一些水果、鲜花，这些就不要收钱，让它们来表达你的心意。

几个友人一起外出旅游，可以实行 AA 制，委托一个人来记录下所有的费用，这样大家都公平、心安。如果有家庭贫困的人，你也可以尽力相助。

有老师、朋友为你做了什么事情，你请他们吃饭，就要由你来买单。

还有些东西，是不能用钱来衡量的，就像饥饿的时候，别人递给你的一个面包；生病的时候，别人对你的照料。不能用钱来衡量的事情，就不要太计较钱。

一定要记住的是：如果遭遇了偷盗、抢劫者，一定不要为了钱、物，与他们冲突。这些人都是亡命徒，他们只是为了钱、物，而生命却是再多的钱、物也换不来的！所以，就把钱、物先给他们，等人身安全了再报警。

你一直是一个不计较什么的孩子。初中的时候，男同学都想有一双名牌的鞋，但你不认为名牌就好，还是穿着普通的鞋子。你也不喜欢买很多的零食。你还有一个很好的习惯，就是无论是什么美食，你都不肯吃得太饱，你说这样有利于保持大脑清醒。

现在学校里有一些学生有这样的行为，我们要注意避免：

一是喜欢购买奢侈品，如名牌衣服、手机、电脑等。

二是贷款去购买一些不必需的物品。有些家庭贫困的同学，不得不贷款来完成学业；但也有些同学贷款是因为与他人攀比和一些不实际的需求。那些不合法的、高利息的贷款，便为这些同学带来了偿还的压力。

我们家的财物观念是，生活需要基本的钱和物品，但它们不是人生最重要的，也不是使人幸福的最重要因素。

古希腊有一个关于财物与幸福的小故事：

一位蛮族的国王克洛伊索斯向梭伦展示了他的一大堆金银财宝后得意地问："我听说你是一个很有智慧的人，到过世界上很多地方，你可曾见过一个你认为最幸福的人？"

梭伦回答说："国王啊，我们希腊人的幸福和你们所说的幸福是不一样的。你们把占有很多东西、享受很多快乐认为是幸福；而对于我们来说，幸福意味着高贵地生活、高贵地行动、高贵地死去。"

这两人的对话，表现了希腊人与蛮族人不同的人生观念、价值观念。在蛮族人看来，生活的幸福在于占有财富和享受快乐；而在希腊人看来，仅仅有理想和道德的行为，就能使生活充满价值和幸福。

同样的财物，在不同的人看来，确实具有不同的价值，甚至不同的美感。比如有人认为用定制的金杯喝水最华丽、气派；而我们却认为，一截竹筒做成的杯子，就很天然、美观，散发着竹质的清香。

在学生时期，你专心于学业，不需要去考虑挣钱，如果需要大额的钱，就告诉家里，我和爸爸一定会给你寄上，不要自己去做投资、贷款的事情。如果你丢了或者被偷了钱，以后注意防备就行。

我们的人生，也不以获得金钱为目标，我们可以努力地去获得学识、智慧、力量，逐渐地为社会做重大、有益的事情。当我们被社会需要和敬重时，我们一定也会同时拥有金钱的回报。

信念和真诚

　　四川有一个六岁的男孩，在发生地震时，被倒塌的砖石压在里面，他左腿刺疼，前额有血流下来。他摸到了身边的一个矿泉水瓶子，那是他喝光了水放在桌下的。他不知道自己现在是在哪里，他想出去，却动不了。他感觉到饥饿、口渴。他哭喊了几声，但是没有人听见。他想自己要疼死、饿死了，可爸爸妈妈呢？想到爸爸妈妈，他就想到了爸爸曾经对他说的话："孩子，不管你在什么地方，遇到什么困难，爸爸都会来帮助你的！"

　　他就这样在黑暗中，想着爸爸的话，相信爸爸一定会来帮助他的。他用矿泉水瓶喝下了自己的尿⋯⋯

　　三天后，他听到了外面有挖掘的声音，身上落下一阵阵的沙土。他被救了出去，并且看到了用力挖掘着砖石的爸爸。

人生就是要相信一些美好、有意义的生存理念和信条，它们能够让我们心怀规则、信任和期望，生活笃定，帮助我们克服一些困难、挫折，生活得更长远、美好。

十七八世纪时，一些美国的基督教传教士来中国传教，他们帮助中国建医院、学校，自己却在异国他乡过着清苦的日子。他们出入中国的一些城镇，经常由于语言不通被误解，甚至被驱赶、羁押。但是这些身材单薄、衣着简朴的传教士，却目光慈善、笃定，他们相信自己是在拯救苦难中的人们。美国第一位获诺贝尔文学奖的女作家赛珍珠，她的父母就是到中国传教的传教士，他们衰老、病死在中国。

现在来看，人们在一些历史时期的信仰、信念也许有些愚昧，但是它们激发了人们的虔诚和高尚，在生活艰难的时候，它们能够支撑着他们坚持下去；在胜利的时候，它们也能够约束他们膨胀的欲望。

我们家的基本信念一直是：相信生活是有很多美好的；相信成功是要付出劳作的；相信不同的人，是可以理解与合作的；相信人的行为是有因果关系的。

幼年时，我很虔诚地笃信大人的话、老师的教育，还有书本里描写的事物。我还喜欢一些英雄故事，经常被那些坚持正义事业、忍受痛苦、宁死不屈，或者是神通广大、足智多谋、无所不能的人感动。很长的一个时期里，我相信一个人应该生得有意义，死得高贵。我还相信一个人不能歧视贫穷、追求享乐，应该坚忍不拔，为更多的人去谋求福利。在这种信念中，我插队去了农村。我挑着沉重的水桶浇地，推着独轮车运粮，跳进猪圈里撅粪。我还把自己的衣物送给村子里那些穷苦的人。村子里失火的时候，我一次次地冲进浓烟中救火……

崇拜那些战争中的英雄、每个领域里的强者，是很多孩子成长必经的过程，那是由于自己的弱小。

你小时候，也喜欢一些英雄故事。看了《西游记》以后，你就拿着一根木棍，手罩在眼上，蜷起一条腿，学孙悟空腾云驾雾的样子。上小学时，你读了一套《科学家的故事》以后，认真地告诉我，你长大以后要像伦琴、居里夫人一样，把自己的发明创造让人类无偿使用，你不要专利。这信念在小学、中学时期一直影响着你。

但是人长大了，对社会现实的复杂、阴暗和不公正了解得多了，我们的信念就会发生一些变化。

很久以来，我在现实的生活中，心里盈满了理想难以实现的痛苦。社会上多少有一些邪恶不公、弱肉强食、急功近利的现象。翻开那些历史书籍，有些历史的真相，被涂改、修饰甚至歪曲、伪造过。我有时不知道自己应该信仰什么。

我现在只信仰母性了。我从自己的身心与生物世界普遍的现象中，感受、认识到：母性才是生命生存的唯一长久、稳定、坚强和无私的品性。母性、母爱存在于所有的生物身上。并且在人类身上，不仅女人的身上有母性，男人的身上也有母性。母性衍生出了人类的各种协作和感情，温暖着人们的心灵，制约着残酷和野蛮的人性。我为此专门写了一本书《母性》。

你说你现在信仰科学。科学是真实、严谨的，可以推理并且实证的；科学能够解决人类的疾病、落后和局限；科学也是有力量的，能够用杠杆撬动地球，用思想和学说影响社会。

你的信仰也许还会改变。但人生，有一些可以相信的信念，总是美好的。所以，在信念改变了的时候，你要顽强、坚定地再去相信一些什么。你要相信：即使世界发生了重大的变化、地震、海啸，或者战争骤起、人陷困境，我和爸爸都是爱你的，我们会为你的长远、美好的人生尽全力。并且，人类社会，总是有善良、美好的人性存在的，任何困境，都是会过去的！

在我经历过的人生中，我也认识到，真诚是人生最有用的行为规则，它让人们敞开自己，能够赢得人们的信任。

真诚可以使你不用虚假，不因掩饰自己的过错而弄巧成拙，从而赢得他人的原谅和尊敬。真诚是在真实基础上的行为，即使一时被误解了，失去了机会，也不用后悔。

真诚是我们对待人生的一种最正确、科学、美好的态度。

不同的地域有不同的礼节，就是同一个地域里的人们，也有着不同的习惯和方式。在进入一个陌生的社会环境、与人交往的时候，有一些基本的礼节。中国人见面一般会问候："吃饭了吗？到哪里去？"英语国家的人则会说："你好！今天天气很好！"等。

礼节是与人交往的桥梁，但它们不能使我们与相遇的人互相了解，只有真诚地交往、合作，才能成为朋友。

我们住的大院里，有一个智障人士，他听不懂人们的问话，但是你拍拍他，朝他真诚、善意地笑笑，他也会向你笑笑，他懂得人们的好意。

在任何不同的人面前，都可以微笑着表达你的诚意，他们就会理解你的表达与心意的。

生活时常让人感觉阳光灿烂，也时常让人感觉孤独、失意。无论你走到哪里，无论生活得怎样，你都要有三两个值得信任、真诚的好朋友，在你困难无助，或顺利开心的时候，能够向他们倾诉。从小到大，你有过很多好朋友，他们都真诚地对待过你，你也要真诚地对待他们。

信念也是与你相伴的"朋友"。你也要真诚地对待你的信念。它会让你生活笃定，也有志向，有力量。在一个人的时候，充实，不觉孤独；在阴沉、寒冷的冬天，心里也充满温暖与光明。

怎样度过你的青春

我曾经期望你的童年洒满阳光，有很多玩耍的时间，总是欢声笑语。但还是有一些艰难的日子出现了，有疾病不时地侵袭，有刮风下雨不能出门的天气，有交通的拥挤和危险，有社会的规则制约，有生存的要求、催促、压迫。

一位母亲对我说，她的儿子在大学的四年里，都很少回家。他不是在实验室里，就是在图书馆里。他甚至没有时间谈恋爱，总是匆匆地穿过一对对甜蜜的恋人身边，这样才完成了学业。他现在到美国的斯坦福大学留学去了。离开学校的时候，他泪流满面，他说他在这里留下的是最美好的青春岁月。

什么是最美好的青春岁月呢？它不只是二三十岁的年纪，还是这个年纪里的激情、奋进、追求、努力的经历。

有的人认为，生命是自然的，应该有时间来学习，也有时间来旅游、交友、参加社会活动。

有的人认为，生命应该及时享乐，不然就会稍纵即逝，应该避开困难，寻找欢乐。

也有一些人认为，生命是有限的，不可能顾及很多事情，应该在青春的年纪，依据自己的爱好、才能，让它在一个方面达到高度，放射出最灿烂的光华。

你想怎样度过你的青春？

如同在童年时期，快乐总是有原因的。当你因为玩耍，忘记了写作业，就会受到老师的批评。而在刻苦的学习以后，无论什么样的课业都难不倒你了，你就会有一种劳作以后的轻松和快乐，甚至有一种成就感。

最好的度过青春的方式，也许就是从学习和工作中，去发现和得到快乐。有的人会为偷到一大笔钱而窃喜；有的人会为请求别人帮助而为难；还有的人，会为没有能力帮助别人深深地痛苦。形成一种长期、美好的度过生命的方式，就会自由和熟练，并且由于超过别人而幸福。

生命也是一天天损耗着的资源，我们应该用它来做最想做的、艰难的，但是有价值的事情。

那些简单的事情，像坐到饭馆里吃饭，随意地聊天，看看网络上的小消息，找一个女孩在校园里散步，是每个正常的人都能够做到的。

而一些艰难的、有高度和深度的事情，却不是每个人都能够做到的。它们不仅需要天资，更需要坚强的意志和艰苦的努力。

苏联有一个叫保尔·柯察金的人，他出生在一个贫穷的铁路工人家庭，十六岁参加了苏联红军，在卫国战争和战后的生产、建设中，他感觉到了生命的价值和意义，而失去能力，不能学习和工作，像是在一天天地虚度生命。他在双目失明以后，以坚强的意志，写下了自传《钢铁是怎样炼成的》。他认为："人最可宝贵的是生命。一个人的生命应当这样度过：当他回首往事的时候不因虚度年华而悔恨，也不因碌碌无为而羞愧！"

保尔·柯察金的经历和名言激励了很多同时代的人。每个时代都有不同的价值观和励志故事，但是充满热情地去生活，尝试人生能够达到的高度，不让生命虚度，却是人类永远追求的生存方式。

人们在暮年回忆一生的时候，大都不是遗憾自己没有经历什么，而是后悔没有在年轻力壮的时候，努力地去做成一番事业。

夏天的夜晚，有很多流星一闪而过，它们有的暗淡，有的闪着耀眼的光芒，肯定还有一些我们根本就看不到的。

每一个人都像一颗星呢，闪耀着自己生命的光芒，在时光中划过。大大小小的光亮，与其他的生命相互辉映着，又很快地熄灭了，永不再出现。

我喜欢看那些又大又亮的流星，就像我崇敬那些伟大的人类生命。它们的光芒照亮了我的眼睛，也照亮了大地上的黑暗。

生命是短暂的，热情、健美、充盈着创造力的青春只有几十年。选择一种你度过青春的美好方式，好好地去经历吧。

有很多生命的光芒已经熄灭了，或者正在暗淡下去，人类的很多领域，正等待着出现更大、更亮的巨星。

朋友是并肩的树木

我童年的时候，有很多伙伴，但那时候只有纯真的交往，还不是互相理解的好朋友。那时候，我也不懂付出，不知道何谓真正的友情。

现在想来，朋友是一个亲切、真挚的概念，它包含着理解、信任、互相喜欢和依赖，朋友还能够分担苦难和分享幸运。它甚至包含亲情和爱情，所以我们常说，父母是孩子的朋友，恋人是我们的男朋友或者女朋友。

你也一直有一些伙伴，但他们还不是好朋友。我们家对门的海海，曾经和你一起上幼儿园，回家以后，你们一起往墙上砸钉子，在床底下玩火，共享了很多开心的时光。小学的时候，一个叫东辰的同学送给你第一张贺年卡。还有一个叫方达的同学，总是喜欢跟你在一起。小学毕业的时候，你和黄成、王晗、东辰等几个同学一起照了一张照片留念，但是上了中学，就各奔东西了。

中学里，你有几个经常去网吧的伙伴，那个叫天意的同学与你交往最多，他个子不高，很聪明，学习成绩一直名列前茅。但是由于网吧去得太多，中考没有考好，高考也没有考好，读了济南的一所职业学院。现在你们已经很少联系了。高中毕业时，你和几个已经保送大学的男女同学去云南旅游，你们一起食宿、游玩、合影，意气风发、指点江山的样子，应该是同窗好友了。

但你一直还没有真正志同道合的朋友，一是因为你还年幼，像我童年时一样，还不懂友情；二是因为你一直在父母的身边，享用着足够的亲情。

上大学了，离开家了，你就需要朋友了。在你病了，需要别人倒一杯水的时候；在你一时失意，期望有人理解和鼓励的时候；在你深入一个陌生的领域，孤独得需要人说话的时候；在你终于研究完了一个课题，想放松一下心情的时候……你都需要朋友，一个或者很多的朋友。

我就是在经历了一些事情以后，才逐渐地拥有了一些很好的朋友。我在一家小报社工作，有一段时间，喜欢上了文学写作。我经常在下班后，留在编辑部里读书和写作。报社的一位领导便认为我没有把精力放在业务上，总是挑我工作上的刺儿。有一天，我又受到了批评，而这样的批评总是不公正的，让我感觉到委屈和很大的压力。到了晚上，我就病了，像感冒一样地发烧，一直烧了两天。有几个知道我生病了的人，怕得罪领导，都没有去看我。只有一位叫宝林的编辑没有顾虑，他给我打了一瓶水，还带给我一个苹果。他说人都会经历一些挫折，只要你胸怀远大的目标，并且最终成功了，这些挫折就微不足道了。我与宝林后来就成了真挚的朋友，我与他畅谈我的理想和工作处境，我也知道了应该像宝林这样，在他人需要时去付出自己的友情。

一个人走向成年的时候，正是心灵打开、充满激情的时期，是容易接受也勇于付出的年纪，这时候结下的友情，会保持一生。而随着年龄的增长，生活复杂起来以后，人与人就不容易交心、结下友情了。

你现在就可以开始结交你的好朋友了。

你要与宿舍里的人友好相处。有人在你回家时，用了你的脸盆或者手纸，你不要计较；当你上铺的同学病了，你应该主动为他倒水、拿药；当对面的同学说了几句嫉妒的话，笑一笑就过去了；当有人在你睡觉的时候，还不肯熄灯，而要看书、大声地说笑甚至唱歌，你可以诚恳地说你要睡了，大家都要睡了，明天还要学习，要他也一起睡。如果他不肯听，还是看书、说笑甚至唱歌，你可以再说一次。如果他还不肯听，并且态度不好，你就沉默下来，不要再说了。因为这时候，他需要时间来反省了。忍让也是一种友好的行为，并且是大度的行为。很多年后，也许这位同学能够领会到。

在你买书或者是买水果的时候，如果身上没有带钱，就向旁边的同学借，记得回来归还就行。有同学急需用钱的时候，你也应该伸出自己的援手。互相借用东西，也是一种信任。

当你要去办一件为难的事情，可以邀请一个合适的同学做伴。自然当同学需要你的时候，如果不犯什么错误、不耽误学业，你也可以相伴。

在你遇到困难的时候，不要掩在自己的心里，去对身边的同学或者老师说一说，说不定他们很容易就帮你解决了；有了烦恼的时候，也要向朋友倾诉。有一些事情，也许就在对朋友的诉说中，自己更清楚了，而自己心里一直放不下的烦恼，朋友的一句话，也许就让你释怀了。

我读大学时，已经有了工作和家庭。我没有申请学校的宿舍，在学校时就住招待所。学校招待所经常没有床位，我只好带着随身的物品上课。我跟当地的一个女同学说了自己的困难，她便邀请我住到她家里。这样，每当住不上招待所时，我便暂住到她家里。我们一起做饭、做作业，畅谈学习、生活，成了很好的朋友。

学校里的同学，工作中的同事，他们都还不是朋友，但是他们中有一些像兄长，能够给予你关心和疼爱；有一些志同道合，能够互相理解和激励；有一些情性不同，但是能够取长补短。这样的人，长期相处，坦诚相待，总能够成为好朋友。

一个人可以有同性的朋友，也可以有异性的朋友。

异性的朋友，能够使我们的行为更周全、完美一些。但是与异性朋友相处，太亲密了，就会产生爱情。两个人中，如果有一个不想走进爱情，就容易伤害到另一个人。所以最好把异性的朋友，也当作同性的朋友一样来对待。

人生中，真正能够志趣相投、患难与共的朋友，不会有很多。你还记得那个讲述两个朋友一起遇到熊的故事吧？在森林里，当一只熊向他们走来的时候，一个人丢下了朋友，自己爬到了树上。另一个只能躺到地上装死。任何时候，都不要结交那些只是利用你，而在你危难的时候丢下你的朋友。

你也要心怀宽阔，不嫉妒朋友的幸运，宽容他们的一些过失，为他们的成功喝彩，理解他们的困境。

森林里的树木，拥挤在一起，互相争夺着阳光，也一起抵抗着狂风、雨雪。一棵树倾倒的时候，旁边的树会撑扶着它。朋友也是并肩的树木，互相影响着、扶持着，也有些竞争，但是在困难的时候，却能够互相撑扶。

最真挚的朋友，能够影响你的一生。他们会在我和爸爸不能陪伴你的路上，来陪伴你，同你一起经历漫长的人生。

面对诱惑

　　我们居住的大院里，有一位姓苏的阿姨，她的儿子皓皓十五岁就有了一个女朋友，他不时地请女朋友吃饭，每月的生活费都是其他同学的两倍，电话费也总是一百多。而苏阿姨夫妇却是普通的工人，收入不多，生活极为节俭。皓皓三年以后上了大学，又换了一个新的女朋友，他的生活费用依然是其他同学的两倍。他习惯了这样的生活，靠父母的微薄收入来满足自己，他并不觉得不妥。

　　从小到大，你一直是个不乱花钱的孩子。你很少买零食，在学校里吃饭也很节俭。你有一次看到我借别人的钱买东西，还告诉我以后不要随便借别人的钱。你也从来不被路边那些肉串、糖果、玩具诱惑得停下来，非要买不可。

　　其实我们家的经济条件比苏阿姨家好很多，你上大学以后，我总是劝你在吃饭上多花一些钱，喜欢吃什么就买什么。

你是一个有自制力的孩子，这一点很让我欣慰和自豪。我只是想跟你说说其他的一些诱惑，或者是人在特殊处境下的一些行为。

我在农村生活的那几年，经常看到一些醉倒在路边的男人，他们嘴里散发着酒气，衣服上沾满了呕吐物。他们刚刚离开集市，或者是走亲戚回来，生活也许过于贫苦了，他们在一顿丰盛的酒肉面前失去了控制。

我返城工作以后，还经常能看到一些喝醉的人，在饭店里大声地嚷嚷着，趔趔趄趄地走出来。这几年，城市里还多了一些网吧。我有一次到一座中等城市出差，半夜里急用电脑，就走进网吧，看到烟雾缭绕之中坐满了年轻人，他们在痴迷地玩着不同的游戏，不时有人站起来，掏出钱递到老板手里去买新牌。在他们一次次掏钱的时候，他们的生命也一小时一小时地挥霍了。

生活中有很多诱惑，适当的应酬和娱乐，能够调剂日复一日的学习和工作，但是失去了控制的行为，久而久之，会形成一个人的不良习惯，影响一生。

爸爸一直抽烟，他都是抽好牌子的烟。他在自己房间里读书和思考的时候，一根接一根地抽；在我们共用的大厅里、厨房里，有时也抽。我们挂在衣架上的衣服总是被熏染着烟味。他抽烟起于大学时仿效同学，逐渐便形成了一种习惯。我有时忍不住责问他，现在一些公共场所都已经控烟了，为什么他在家里还这么随意地抽，就不能下决心戒掉吗？

有一些人还有一些其他的习惯，一些男人看到一些酒宴就拖不动腿了；一些人玩起游戏和纸牌来，就停不下来；一些人会看一些色情光碟，去淫秽场所。他们被享乐的本能驱使着，像被施了麻醉药，失去了理智，甚至忘掉了自己正要做的事情。

有效地控制自己的一些本能，需要坚强的意志，也是一种能力。

生命的本能引导着我们的人生。但作为人，我们还有控制本能的选择和自制力。在那个古老的神话《奥德赛》中，荷马就讲述了一个勇士与诱惑抗争的故事。在希腊海上，女妖塞壬总是用美妙的歌声引诱过路的船员，使他们失去自己的意志，朝着美女的歌声驶去，最后船毁人亡。但一个叫奥德赛的年轻人，在返回希腊的途中，让人用缆绳把自己绑在了船上。他最后抵御住了诱惑，成为第一个听了塞壬的歌声，却活下来的人。

不会根据环境的变化，来调剂生存行为的低级生物，它们的本能是盲目的，只是用来满足简单的生存。蜻蜓在产卵的季节里，如果找不到水面，就会飞到光亮的焦油坑里，焦油粘住了它们的肚腹，那些侥幸挣扎出来的蜻蜓，却不会接受教训，它们会再一次地潜飞下去，直到完全粘在焦油坑里。稍微高明一点的昆虫，就会多少对本能做一些调控了。装死的甲虫会一再地延长装死的时间，第一次是一分钟，第二次就改为一分半钟，以便蒙混过关，逃脱危险。老鼠的调控能力就更强一些，它们会在吞食了一种毒物之后，很快地转告同伴；在被捕鼠夹夹过之后，不再去触及这类危险的机关。

人类是最能够调控自己本能的生物了，所以人是生存能力最强的生物。人定时定量地控制着自己的饮食，并且还能春耕、夏播、秋收和冬储，以保证自己在每一个季节里都有丰足的食物。人还能控制自己的性行为，不与近亲结婚、生育，不随便地发生性关系，并且建立起家庭与一夫一妻制，为孕育和抚养孩子营造最安全、适宜的环境。

人还能掩饰和改变自己的很多本能。

人类调控本能的理性，形成了文化，并且一天天地庞杂起来。它使我们能够时常回顾一下，看看自己已经成就了什么，做错了什么。

如果我们有奥德赛那样的自制力，我们就能够做得比他人更好。

那些连自己的行为也控制不了的人，总是早早地就向各种困难和诱惑妥协了，他们是做不成什么艰难和伟大事情的；只有那些具有理智和自制力的人，才能够把握好生命的航向，甚至带领其他人，正确地驶向伟大的目标。

以友好、互利的方式竞争

竞争是社会性生物生存的一种普遍方式。

竞争可以让群体在互相比较中，保持和发展生存优势。

人类的竞争遍布每个领域，国土、权力的竞争最为激烈，它们导致战争、屠杀，成为一次次的灾难。

在和平的环境中，为了强于他人，获得名利，也总有一些人使用着各种不正当的手段，比如造假、诬陷他人、贪污、盗窃等。

但最好的竞争，应该是友好的、互利的。

你高中时，与学校的几个同学一起参加培训，准备参加全省、全国的物理竞赛。在全省的竞赛中，将选拔四人，参加全国的决赛。如果能参加全国的决赛，就会被北大、清华等学校自主录取。你们几个同学的水平差不多，你对一些高难度的题目理解得好一些。我记得临近考试了，你有一天回家告诉我，说老师让你给同学讲怎么做难题。我有些担心地问："这样同学都会做了，会考得比你好吧？"你笑着说："他们都是我的同学，我会做的，就要告诉他们啊。我可以做那些更难的题。"

你的心态让我感动，也让我心安。有这样的心态，就不会在意一些名利、得失，就会有从容、安宁的人生，甚至更远大、美好的人生。

但生活很难不去比较，在我们身边，总有一些人在比较着吃穿住行，比较着一些小的名利。去超市买菜，我们也会比较着买那些新鲜和便宜的。

我们只有依据自己的所长和喜好，改变生活的观念，才能从这些比较中解脱出来。童年时，我们可能为一场拔河比赛的胜负而争吵；求学时，可能为一次考试发挥失常而沮丧不快。但现在回忆这些事情，它们已经很轻很淡了，变成成长中的小事情了，并没有影响到我们的人生。

我们要尽可能地把一些竞争变得友好、互利，不那么看重竞争的结果。比如在竞争中，尽量以友好的方式，不伤害他人；再比如，采用一些互利、共赢的方式。

在一场世界级的马术比赛中，最前面的选手在纵马跨越障碍时摔倒了，他身后的选手本可以借此冲到前面，成为第一，但是他停了下来，扶起了摔伤的选手。他们俩都失去了获得第一名的机会，但却成为终身的好朋友，并且都成为观众心目中的英雄。

美国建国后的首任总统华盛顿，曾主持制定了《美国宪法》，他在任期结束后，为了遵守宪法、保障此后的民主制度，自动放弃了连任总统，回到他的弗农山庄务农。他的行为至今影响着西方的民主制度。

我国三国时期的刘备与诸葛亮则是很好的互利典范。心怀大业的刘备三顾茅庐，寻得了博学多才、足智多谋的诸葛亮任军师，这也让诸葛亮拥有了一个施展人生才能的平台。他们合力建立了蜀国，形成了与曹操、孙权三足鼎立的局面，也为历史留下了百听不厌的精彩故事。

生活中，有些竞争是重要的，但有时候，还有比眼前的竞争更重要的事情。

冠军、第一、创造纪录、胜利，它们是光荣、美好的，而尽到了自己的心力，向强者学习，与参与者共赢，也是美好的。它们是不同的人生标准。

爱情的竞争比较特殊，主要决定于当事人的两厢情愿。我们最好的应对策略，就是在学习、工作上努力，让自己变得更好，就会吸引到真正理解、爱上自己的人。

在人生的一些不可避免的竞争中，我们可以认真地参与，尽到自己的努力，无论结果怎样，都从容面对；赢得了胜利，也友好地对待他人。一时失利，要利用机会观察、发现、学习他人的长处，以提高自己。我们要这样想，在一些事情上，有一个高手、对手，是很有趣、有益的。你童年时，我经常带你去打乒乓球，你一定有过这样的感受，就是我们都想与球艺高的人对打，因为这样才能够提高自己的球艺。

在一个班级、一个团队、一个家庭、一个世界中，我们都可以以互利的方式竞争，在生活的很多其他方面，都可以使用这种方式。

在孤独、忧郁的时候

　　每个人都会有一些孤独、忧郁的时候，这是生活的正常状态。

　　我十七八岁时，在一个小山村插队，我是知青点组长，经常需要独自去其他村子的知青点开会。我一个人走在山区的小路上，身边是荒凉的山冈，或者浓密的玉米地，就感觉到孤独和恐惧。它们都是些陌生的环境，我不知道里面都隐藏着些什么，不知道生活是否会一直这样，身边也没有人可以倾诉一下……普希金的一首诗，在当时的处境，给予我可以依赖的理性和希望：

　　　　假如生活欺骗了你，
　　　　不要悲伤，不要心急！

忧郁的日子里须要镇静：

相信吧，快乐的日子就会来临！

后来，我熟悉了山村，有了一些可以交流的朋友，这种孤独、忧郁就减轻了，走在山路上，我感受着季节中变幻的景物和自己轻盈的脚步，甚至有了很多亲切、快乐感。

所以，在我们孤独、忧郁的时候，要相信它们都是特定环境中的感受，并且这种感受，只是一个过程，很快就会过去的。

童年幼弱，我们没有家人陪伴；成年后，我们独自远行，进入陌生的环境，或者遭遇学业、恋爱上的一些挫折、失意，甚至阴雨不适的天气，都会让人感到孤独、忧郁。

记得你七岁时，写过一篇《创造晴天》：

今天是一个晴朗的好天气，风很大，吹去了天空密布的阴云，阳光一大块一大块地洒下来，把阴沉染成了辉煌。

好的天气，让人心情愉快，给人以美好的憧憬和积极向上的力量。但是老天爷不会永远这样给人笑脸，它变幻莫测，天气预报也不得不跟在它的后面。这样，阴天时，就需要自己创造晴天了。

创造晴天其实很简单。当你看到天空阴沉时，你就可以走进屋里，打开电灯，把阴暗避开，最好是拿一本书，一本内容轻松但又很有用的书来看，你就会忘掉屋外的阴沉，而沉浸在书中美好明亮的世界中了。

创造晴天虽然方法很简单，但是需要条件。条件有物质和精神两个方面。一间屋子一本书，是容易找的，重要的是精神条件。首先，你要有乐观向上的精神。乐观的精神，是晴天所必需的。所以乐观是创造晴天的根本。其次，要有集中精力的能力，必须全神贯注地忘掉外面世界里的事情。最后要有耐心等待阴天过去，直到云开天晴。

天有阴晴，但阴天时也可以创造晴天。人有逆顺，逆境时虽不一定能创造顺境，但也可以给自己一个好心情。

你当时虽然年幼，但对事物的感受与认知已经很好了！我们在孤独和忧郁的时候，以这样的心态，以一些适合的方式，就可以减少孤独和忧郁，并且充实、快乐起来。这就像你说的，我们可以坐下来读书；可以清理一下房间；可以走出去，看看周围的景物；可以给家人、朋友打打电话。如果是在长长的旅途中，我们可以与身边的人聊聊天，了解不同人的不同生活。

唐朝时，玄奘决定去印度取经，他沿着西行之路，一天天地前行，路途荒无人迹，而且未知、漫长、艰险，他是靠着神圣的"取经"信念支撑着一步步走下去的。到达印度后，他又经历了语言不通、取经无门等困难，不只是孤独、忧郁，还有在异国他乡的危险、恐惧……但是玄奘一一地克服了这些困难，他学习了印度的语言、佛教的理念以后，又回到了中国。

波兰天文学家哥白尼，在任教士时，长期观察天文现象、研究天文学，写作了《天体运行论》，提出了日心说。但是当时的人们都信奉地心说，教会更是把不同的学说归为"异端"。哥白尼相信自己的发现是真实、科学的，但是在严酷的现实中，他却不敢公开自己的学说，不敢与人谈论这类事情。他只能孤独、忧郁地从事着研究，坚守着发现的真理。这是被压制的、精神上的孤独、忧郁，只有依靠对天文学强烈的热爱与坚定的信念，才能够忍受下来。直到古稀之年，哥白尼才正式出版了《天体运行论》，在他去世的那一天，才收到出版商寄来的这部书。

在我们遭遇精神上的孤独、忧郁时，我们要寻找好的方式来"创造晴天"，也要相信我们所做事情的正当性，有信念来忍受和经历。

还有些孤独、忧郁，是由于我们在某些方面不如他人。在学业、技能上不如他人，我们需要勤奋努力；在一些先天或者物质条件上不如他人，我们要客观、坦然地面对。

有一条这样的谚语："我贫穷、忧郁，因为我没有鞋，直到在大街上遇见了一个没有脚的人。"每个人都有自己的不足、匮乏，也都有自己的所长、优势，想到那些比我们更不足、匮乏，或者不幸的人，我们应当庆幸。

当我们在孤独、忧郁时，除了创造晴天，也可以进行独立、深刻的思考，事物都是有多面性的，生活中有一些事情，是需要一个人独立、艰难地完成的，比如写学位论文，思考、建立一个学术理论，完成一个高难度的体操动作等。

在任何孤独、忧郁的时候，都有创造晴天的心态，并且去做一些实际的、有益的事情，我们一定会快乐、充实起来。

时间是伟大的创造者，也是历史的证人。时间会带走我们一时的孤独、忧郁，在人类的生存史上，即使是漫长不利的环境，也终会改变的，真理有一天会证明自己，带来胜利的曙光和欢乐。

所以在孤独、忧郁的时候，就坐下来，读一本好书吧，或者走到门外，看看独自伫立的一棵树、一只掠过天空的鸟儿。它们会让我们感受到生灵们的共存，使我们从容、快乐起来。

生病的时候

生活中，每个人都会有身体不适或者生病的时候。

在身体不适或生病的时候，我们怎样照顾自己，怎样去看医生，让自己恢复健康，也是需要学习的。

我就是这样经历着、学习着，一点点地拥有了经验与知识。今天，我把这些重要的经验、知识告诉你。

你童年时体弱，时常感冒。感冒重了，咳嗽、发烧，我们就去医院看大夫，大夫就针对症状开一些止咳药、消炎药服用。后来有一位中医大夫，认为你经常感冒主要是因为体弱，如果身体强壮了，有抵抗力了，感冒就会少了。她说中药就像食物，是能调理身体根本的。她给你开了几服小中药，调理脾胃的，你服用后很快就不咳嗽、不发烧了，吃饭也多了。后来我就经常用食物、小中药给你调理，随着成长，你的身体逐渐强壮起来。

所以，我们身体不适或者生病时，要做好这些事情：

1. 对自己身体的不适症状有准确的感受。

2. 自己查询、了解一下这方面的基本医疗知识。

3. 找出引起症状的原因。

4. 告诉家人或身边的人，获得他们的经验与帮助。

5. 选择正确的治疗方式。

感冒、腹泻、牙疼，它们是生活中的常见病：

感冒的症状，一般有流涕、咳嗽，还会有咽喉肿疼、发冷等。感冒也分为伤风感冒、流感等。如果是伤风感冒，可以先用驱寒的办法，多喝热水、热汤，有条件的话，可以喝姜汤、姜茶。如果是流感，有发烧的情况，就要及时去看大夫，按医嘱服用药物。

腹痛、腹泻，可能是属于肠胃的毛病，或者不洁食物引起的反应。如果是食物中毒，会伴有呕吐、发烧。

如果突然头疼、头晕、胸疼、呼吸不畅等，一定要尽快到正规的医院问诊，不能大意和耽误。

有严重的身体不适时，也一定要去正规的、适合的医院诊疗。

曾经有一个男生牙疼，他忍了几天后去看大夫，但他没有仔细判断具体是哪颗牙有问题。因人多忙碌，大夫也没有认真地判断，就动手把他病牙旁边的一颗好牙做了处理。回去后，他还是牙疼，又去看大夫，才知道处理错了，病牙根本没有得到治疗。

所以，疾病是出现在我们身上，我们除了要对症状有准确的感受，也要了解生病的原因与治疗的方法、过程。

看了大夫、确定了原因与治疗方法，我们对大夫开的药物，还要仔细地看说明书，了解药物的作用与注意事项以后再服用。大夫也有考虑不到个人体质或者粗疏的时候，我们要避免服用过敏性药物，避免重复和错误用药。

有严重的身体不适时，一定要去正规的、适合的医院诊疗。生了病，还要及时告诉父母、家人，告诉身边的同学、老师，他们可能有一些正确的经验，能够帮助到你，甚至让你避免错误的治疗。

有一些身体的疾病，是由于我们饮食不当，或者冷热不适造成的。我上大学时，有一次在火车站旁边的饭店吃了两只螃蟹，回到学校后就出现了上吐下泻的中毒症状。正值周末，我决定去学校不远处的市立医院看大夫。我到医院后，大夫开了一瓶大蒜素，我回去服了几次，又喝了很多水，很快就好了。所以，食用螃蟹这类海产品时，一定要煮熟、热透。我们第一次吃某地的特产时，也要防止过敏不适，可尝试少量食用。被风雪、冷雨浸湿，可以在换上保暖的衣服后，喝几杯热姜茶驱寒；没有姜茶，就多喝热稀饭、热水，它们也有驱寒、暖身的作用。

不良的生活习惯，如空腹喝冷饮、长期不吃早餐、睡前不刷牙等，也会带来胃病、牙病。

所以生活规律、饮食健康、经常锻炼身体，是我们不生病的基础。

下面这几则健康生活的小经验、小常识，很值得记取：

不空腹喝冷饮；

不大汗时冲凉水澡；

不连续熬夜，尽量遵循自然规律，白天学习、工作，夜晚睡觉。

在感冒、肠胃不适等轻微疾病的治疗上，我们最好是先采用食疗；食疗没有明显效果，就服用中成药、汤药；再不行，就服用西药。我们可以在服用西药的同时，也配合食疗、中药治疗。如风寒感冒后，我们可以先喝姜茶、姜汤。如果出现了咳嗽、发烧，可能是合并了细菌感染，我们就可以服用中成药。现在很多中成药里也有一些西药成分，它们能够起到中西药结合的作用。但如果服用中成药时，又想服用西药，就要注意退烧、安眠等相同药物成分的剂量了。

　　我们有时也会发生外伤，如骑车时摔伤、切水果时伤到手、被尖锐的器物刺伤等。这些外伤的处理方法是先止血，然后用碘酒等进行消毒，再用纱布、创可贴包扎。被动物、昆虫咬伤也算是外伤，狗、猫、蛇等口腔里含有狂犬病毒和其他毒液，被它们咬伤后，要先挤出创口处的血水，然后快速到医院清理、治疗。一定不可大意！现在有一些蚂蚁、蜘蛛等小虫也是有毒的，被它们咬伤后也要尽快到医院去处理。

　　集体食堂还会发生肺结核、乙肝等传染病，如果染上了这些病，就要按医嘱认真地治疗。我们可以边治疗，边学习、工作，但如果确实需要，我们要向老师、学校说明，请假治疗。

　　我们的身体，都有着免疫和恢复功能。它们是保护我们健康、对抗疾病的最有效力量，就像有些植物的耐干旱能力、有些动物的防御能力一样。所以锻炼身体，合理饮食，养成良好的生活习惯，增强免疫力是我们健康的根本，是我们不生病的保障。

　　你出远门时，我总是给你带上几种常备药物，如感冒冲剂、黄连素、创可贴等。你把它们放到你的行包里，或者放到卧室的桌头、书柜上。它们都是一些生活中的常用药，在急需的时候，能够及时地帮助你。

　　日常生活中，我们每个人最好都有一个这样的小药品盒，里面备有治疗感冒、腹泻等的常用药，以及创可贴、消毒棉等处理外伤时可用的药物。

　　在某种程度上，我们要做自己的老师，也要做自己的医生。

　　身体健康，我们才能精力充沛并且快乐地学习、工作。但是生病时，也能够让我们感受、学习到一些抵御疾病、爱护生命的知识。

了解、避免生活中的危险

　　生活中，总有些来自自然界的危险，雷电、地震、海啸，以及那些会伤害人的动物；也有一些来自社会的危险，交通事故、抢劫、吸毒、传染病，甚至战争。

　　一个孩子能够一天天地健康成长，需要了解、规避很多危险。

　　两岁的时候，记得有客人给你喝过一次酒，很少的一点，你当时已经会说话了，你说感觉飘啊飘的。后来我看到一些幼儿喝酒过敏的信息，有一个喝了几口米酒的孩子，被送到医院以后，大脑已经受到了永久的损害。

　　五岁的时候，爸爸带你去练武术，你旋转的时候，一个孩子的腿绊了你一下，你的后脑勺重重地摔到了坚硬的水泥地上。我从家里赶去的时候，从爸爸怀里抱过你，你还昏迷着。

我们去了医院，做完了检查，你还没有醒过来。你醒过来以后，我指着你的玩具、书本，还有周围的人一一地问你，肯定你没有摔伤脑神经才放心。

小孩子受到的身心伤害，都是由于父母没有呵护到、没有教给他们避险的知识造成的。现在回想起你已经经历的那些危险，我都会责备自己的无知，庆幸和感谢命运。

在养育中，我也在一天天地成长，知道让你了解并学会一些避险的基本知识是多么重要。

而了解了生活中的一些危险，掌握一些防护的方法，我们就能够有效地规避伤害。

生活中的危险是多方面的，我们能够做的是：

1. 了解身边的地理、社会环境。

了解我们所处的大致地理与社会环境，可以避免一些动物伤害，如野狗、蜱虫、蚊子，还有容易发生交通事故和抢劫事故的地方。有一些去中国南方旅游的人，没有注意驱蚊，染上了疟疾。非洲有些地方，有一种红蚂蚁有毒，人被咬后，也是有危险的。我童年时，上学路上有一处陡坡，因为货车多，并且上坡时看不到前面的路，下坡时又不容易减速，成为一处交通事故多发地。

你童年要进入的小学、中学，我总是要先进去走走、看看，知道你在哪个班，你们班在什么位置，校园里大概有什么场所才安心。

2. 学点躲避火灾、雷电、地震和防备被狗、熊、蛇等咬伤的常识。

例如，雷雨天气时，不在室外打电话；不近距离接触有攻击性、传染病的动物。

了解居住地的地理情况、附近存在的有害动物，也了解一些发生过的社会犯罪相关的人、事。如校园附近的流浪狗，一些赌博、淫乱的场所和容易发生抢劫的街道。

你可能不会想到，入室的老鼠有时也会造成伤害。我们老家的村子里，就有幼儿睡觉时被老鼠咬伤了脚趾、耳朵；田野地里的老鼠，还会把鼠疫等传染给人类。

我们还要了解一下可以买药、看病的医院在哪里。北大疾病防治专业的一位老师，很痛心地告诉我，学校有一位男生，晚上突发过敏性喉炎，同学把他送到了校医院，校医院没有条件，只做了简单的处理，在转院的途中这同学因为呼吸道堵塞，没有抢救过来。如果这同学当时直接去了有条件的医院，他是不会有生命危险的。

生命是宝贵的，规避风险是很重要的事情。了解环境中存在的一些危险，我们就能够有效地规避它们。

生物们都有趋利和避险的本能。植物总是追寻着水源、阳光；鸟儿总是把巢搭在安全的地方；非洲森林里那些幼弱的黑猩猩，会为群体里强壮的黑猩猩梳毛，或者与它们结盟，以此来避免内讧，增强自己的力量。

我们人类比其他的动物更有生存的智慧、能力。

所以，每进入一个陌生的环境，我都期望你大概了解一下自然环境与社会环境，这不需要多么费心，只要有安全的意识，在乘车、就餐、散步，或者与同学聊天时，就可以顺便做到。

了解、避免生活中的危险

坚持一项体育运动

在古希腊，有一处古老的岩壁上雕刻着：

运动吧，它让你敏捷。

运动吧，它让你健康。

运动吧，它让你快乐。

人类的身体运动更源于生存的需要。

动物，也是需要运动的，它们靠运动来增进各种技能，来完成身体每天的新陈代谢。于是那些速度极快的猎豹，就能够更有效地获得食物；那些强壮、敏捷的斑马和羚羊，就能够更好地摆脱猎食者。喜马拉雅山崖壁上的那些雏鹰刚刚长出羽毛，老鹰就带着它们飞行，先从悬崖上俯冲下去，然后再飞上天空。很多迁徙的鸟儿，从空中掉落下来，都是因为体弱或者生病了，失去了飞行的能力。

农村里，那些满院子里跑着的鸡，羽毛都闪着斑斓的光泽，眼睛也是亮亮的；如果把它们关进鸡笼，长期缺乏阳光和运动，它们的羽毛和眼睛就会暗淡起来。

可以说，运动是生命之必需。

生命需要运动，运动使人新陈代谢加快，气血畅通，也使人身心强壮、反应敏捷。身体健康了，心情也就快乐了。

那些修路、砌墙的工人，每天都做着繁重的体力劳动，但是他们一挨枕头，就能呼噜噜地酣睡过去，很少有失眠的时候。失眠、神经衰弱的症状，大都属于那些长期做脑力工作，却不注意体力活动的人。

有一些失去了双手的人，不得不用脚来吃饭、穿衣、写字，时间久了，他们的脚竟然灵活得跟手差不多了，有的人甚至能够用脚来做饭、修理物品、照顾别人。

你上小学时，我想让你学打乒乓球，交了费，进了体育馆，你却来了倔脾气就是不肯学。只好爬山和跳绳了。在你学习累了的时候，我们便去爬后山，沿着陡峭的石壁向上攀登，出一身汗。晚上我们在大院里跳绳，比赛单脚跳、双脚跳和向前跑着跳。

你上高中的一个春节，不时有雨雪，我们就到球室里打乒乓球。想不到你由此开始就喜欢上了这种运动，并且一天比一天打得好，从不会发球，到能够扣杀、推挡和发旋球。在学习紧张的日子里，我们也抽时间去打一会儿，小小的球，为我们带来了很多快乐。阳光透过球室的窗户，有一种安宁和让人快乐的光芒，我们总是提着水壶和球袋走进去，打累了以后，再提着回家，一路上，不停地谈论着自己的技艺。

我们的身体都明显健壮起来，每次打完了球，你都要再吃一顿饭。

在大学里，你也可以利用一些方式坚持运动。比如早晨起来跑步；星期天，约上同学去打一会儿乒乓球。冬天的时候，还可以在宿舍里举上一百次哑铃，上上下下地跑楼梯。还可以约上几个同学，周末去漫步，在城市的大街小巷里边走边感受那些建筑、植物和不同阶层的人。

十九世纪，英国大学里的一些地质学家、生物学家、物理学家，在工作疲惫时，就会独自或者约上几个好友沿着山区漫步。他们边放松大脑，边锻炼体力，边研究岩石、植物和天文、地理，有些人还因此有了重要的发现，真可谓是一举多得！

时间总是有的，运动让你反应敏捷了，身体健康了，心情快乐了，你做事情也就更有效率、兴趣、能力了。

无论何时，无论何地，都想办法坚持一项体育运动。这是生命健康的一种必要的形式。

理解不同的人

　　大千世界里有着千差万别的生命。人类社会里，每个人也有出生地域、家庭，以及外貌、所受教育、心理、行为的不同。

　　我们容易看到的是人类的一些共性，如性别、生存的基本需要与满足方式等。在同一地域，有着相同饮食起居习惯、受过相同文化教育的人，共性就更明显一些。但我们更要理解那些不同的人。

　　我刚开始文学写作时，去拜访一位朋友，他是一位大学教师，学贯中西，对自己要求很高，并且用自己的行为影响着学生和朋友。他说他年轻时，曾经同自己的嫉妒心做斗争，现在也在克服自己的一些私心、偏见。他总是尽心尽力地指导、帮助身边需要的人，是一个高尚的、追求人文精神的人。

我有一次在路口，看到一位白发老人伫立在路中间，任两边相向的车辆催促着、堵塞着。我上前挽着他的手臂走到路边，他说他想走到路边却一时迈不动腿了。我又问了他的家庭住址，拦了一辆出租车，并叮嘱司机师傅一定把老人送到。老人感谢着我，连说"好人、好人……"。这位老人是年老了，大脑指挥功能有问题了。

学校里也会发生一些不良的事情，如老师学术不端，室友间的歧视、霸凌等。一所中学的女生宿舍里，发生过这样一件事情：家庭富有的女生慧，发现家庭贫困的女生芸偷用她的洗发膏。她回家后告诉了母亲，说芸是小偷。母亲开导她，说对同学不要用"偷"字，芸一定是自己没有钱买才用的，并且让慧回去后送一瓶给芸，就说自己买多了，用不了。慧这样做了，芸收下了她送的洗发膏，心里明白了什么。十多年后她们同学聚会，芸紧紧地拥抱着慧，感谢她，说她曾经因为家庭贫困很自卑，甚至都想过自杀……她一直记得慧送她的洗发膏。她们俩成为了终身的好朋友。

我们老家有位亲戚的孩子，他技校毕业后，请我帮助找工作。他刚十九岁，正是求学的年纪。我便鼓励他再学习高中知识，争取考个大学。我还帮他联系了一所中学，给他买了书籍。这男孩子没有去，他说要做木工。我又给他买了些木工的书籍。他在父母的协助下开始做木床。因为产品没有销路，他又联系我，让我帮他推销床。我说我是做编辑、记者工作的，没有这方面的客户，只能帮他问问。他有一天发来了这样的信："靠你们饭都吃不上，你们在城市里，那么好的条件，却不帮我联系客户……"他这样的认识与无礼，是无知，也是因为在成长中缺乏家庭教育。

我也采访过一些有不良行为的人，如吸毒、偷窃等。他们的行为大都起因于吸烟、一时缺钱等小事。由于没有好的生活环境、榜样和约束，放纵了自己。

也有一些让人意料不到的邪恶残暴之人。如毒打幼小孩子的父亲，欺凌同学的人，为自己的一点功利侵犯、伤害他人的人。

翻看中外历史书籍，人类由古到今的生存，充满了暴行、战争、罪恶，也遍布着协作、善良、美好的品行。每个地域、群体，都有不同的人。他们有相同的人性，也有着地理、家庭、文化教育形成的各种差异。

在原始社会，各部落互相抢掠、杀戮，后来逐渐地建立起了和平、互利的约定。十八世纪时，即使在炎热的夏天，阿拉伯女性如果没有裹上头巾出门，都要被鞭笞。到了二十一世纪，她们已经可以不裹头巾了。人类社会那些被科学、文化照耀的地方，一步步地向着文明前进。

理解不同的人、不同的社会，我们就会有所选择、遵守规则；就会有向往、有榜样、有禁忌、有合作，向着健康、美好成长。

让我们记住生活中那些美好的人事、言行。它们与父母的爱一同滋育着我们，让我们的身心美好起来。

我们也要理解、防备那些可能产生不良行为的人，做到不沉溺网络游戏；不看黄色视频、书籍；不参与暴力活动；远离低级趣味的环境；远离不良行为的人；管理好自己的日常生活，自律、坚强，做有意义的事情，拥有纯洁、美好的人生。

而在遭遇不良事情的时候，一定要冷静，不激化冲突，争取以和平的方式来解决问题。自己解决不了，就寻求他人的帮助。智慧的人，能够知彼知己，也引导他人和事情向好的方向发展。

享受读书与美食

你幼年时，我们经常一起读书，在一天的忙碌结束以后，我们吃完饭，带着餐后的快意，坐在桌前或者躺在床上，每个人捧一本书。我们还会边读书边吃苹果、栗子、瓜子等小食品。那是我们感觉特别轻松、安宁和满足的一些美好时光。

记得有一次你边读书边问我："你知道什么是糖炒票子吧？"

"嘿，就是糖炒栗子吧？"我高兴地笑。

"我们同学都叫糖炒票子。"你开心地告诉我。你们这些调皮的孩子经常这样故意把字读错。

这以后我们在大街上看到糖炒栗子，都会叫成糖炒票子。

读书的时候，我不时地会把我认为有趣的内容讲给你听："有一年，法国的南方出现了蚕病，著名的大化学家巴斯德受命去了解和消灭这种蚕病。到了灾区，他顺便去拜访一位叫法布尔的中学生物教师。因为巴斯德在此之前还没有见过真正的蚕，法布尔便形容这位大化学家是一位披挂上阵前来救灾的普罗米修斯。法布尔请巴斯德到家中，喝一杯自己酿制的苹果酒。巴斯德想去看看法布尔的酒窖。他问法布尔的酒窖在哪里，法布尔便指着椅子上一个扔了几只苹果在里面的玻璃罐说，那就是他的酒窖……"我们俩便为这两个人的有趣故事会心地笑起来。

你也经常把你读过的有意思的情节告诉我。有一次，你读完了一套《世界伟人传记》后告诉我："我长大了要发动第三次世界大战！"

我很怕一言成谶，赶紧问："你为什么要发动世界大战呢？"

"因为不发动世界大战，我就成不了英雄呢！"你的理由很简单，原来只是想当英雄。我安下心来，开始给你讲人可以在不同的领域成为不同的英雄，而不一定要在战争中。比如像牛顿一样，成为发现力学定律的伟大科学家；像罗素一样，写下影响人类思想的《西方哲学史》；像爱因斯坦一样，提出相对论……

读书给你的童年带来了很多知识，也带来了很多乐趣。你把自己比作一只喜欢啃书的"书虫"，写过一篇叫《书虫》的文章，发表在《齐鲁晚报》上。

一个人在一生中，能够有书读，能够经常地读书，就像能够经常享用美食一样，是精神的需要与满足，是非常美好的事情。读书也像是在进入各种各样的学校，能够学习、增加各方面的知识，还能够充实人的精神世界。正如高尔基所说，书籍是人类进步的阶梯。当你从一些书籍中获得同感、引导和启示的时候，你会由此激动、兴奋不已，会有遇到了知音、导师或者对手一样的感觉。

在旅途中，一本好书就是一个好伙伴。它轻便、易带，在嘈杂的环境里读上几页，心里便会安宁、充实，即使漫长的旅途也不会无聊。

一个人独处的时候，有一些好书可读，就不会孤独。你只要坐到光线明亮的地方，就可以进入书中，忘记秋天的阴雨、心中的忧郁和烦恼。

好书还能够给予你宽慰和激励，让你了解不同的地域、不同人的生活方式，甚至人以外的生物所经历的生存的痛苦、不幸、竞争与努力，开阔胸怀和视野，从而明确自己在人类社会以及自然界的处境和位置。

能够一本本地读书，就是你的身心在不断地了解、接纳外在的世界，在不断地学习、探索，而不是封闭、固守起来，失去活力。我有一个一直被我当作榜样的老同事，她比我大十多岁，已经退休了。有一次我羡慕地问她："你现在可有时间读书了？"没想到她叹了口气告诉我："现在不读书了，眼睛昏花得看东西很费力！"我在她的背影里愣怔了半天。我现在每天努力地读书，就是为了避免进入她老年时的那种处境。

如果我们能够有选择、讲究效益、有目标地读书，而不是随便地阅读，那对人生就更有益了。比如：

我们应该在年少时，跟随学校教育，读一些专业、系统和需要记忆的书籍；

在一天中精力好的时候，读一些艰深的理论书籍；

在休闲时，读文艺、历史、传记类的书籍。

现在买书很方便，有些书甚至不用买，在网上就能直接阅读电子版。同一个内容的书，会有十几个版本。所以读书一定要有所选择。我们从一个人手持的书，就能够判断他的职业、文化程度、生活情趣乃至所从事的专业。在地铁上，那些做建筑、装修工作的民工，他们一般阅读一些武侠、侦探、情爱内容的文学故事；上了年岁的市民会阅读一些时政方面的报纸；年轻的白领则会阅读一些时尚、流行的电子杂志；只有少部分的大学生、研究生、专家、学者会阅读一些学术方面的书籍，甚至干脆阅读外文书籍。

中国有俗话说，要多与高人为伍，"蓬生麻中，不扶而直"。读书也是这样，在年轻、精力好的时候，要多读一些高深的、理论性强的专业书籍。专业书籍可以是你所从事的领域的，也可以是相关领域的。人类各领域的知识是相通的，它们汇集成了庞大的知识总体，能够给你很多有益的启示，给你智慧和力量。年轻的时候，我有一段时间只读文学书籍，以为它们会对写作有用。其实文学只是对生活诸多内容的一种表现。后来，我开始读一些历史、人类学甚至动植物学方面的书籍，它们逐渐地让我的写作深刻、丰厚了起来。奥地利物理学家薛定谔有一段时间极为苦闷，他在理论物理的研究上，实在走不下去了，就转而去学习哲学专业。一年后，他又回到了物理问题上，提出了用波动力学方程来处理电子运动问题，还证明了波动力学和矩阵力学在数学上是等价的，是量子力学的两种形式。他因此获得了诺贝尔物理学奖。而在你事务繁多、时间零碎、大脑疲劳的时候，可读一些轻松的生活、情感、历史类书籍，比如文学作品、人物传记等。

记得一位英国的贵族曾经感慨："读那些通俗的文学书很轻松，也很有趣，但我还是读莎士比亚吧，不然谈吐低俗，在我生活的圈子里找不到朋友。"尽管我们追求自由、平等，但人们的认知是不同的，精神、文化的需求也是有差异的。

在冬天的夜晚，捧一本书读，即使屋子里寒冷，也能够感到心灵的安宁和温暖。而如果外面正在飘雪，屋子里却有暖气、有丰富的食物，这时候趴在床上读一本书，真是幸福呢！

无论在何时何地，你的身边能够有书，并且有坐下来读书的心情和时间，这说明你生活得从容和优裕，已经摆脱了衣食之忧呢。

美食更是我们生命的需要与乐趣。

我们可以在不同的季节、不同的地域，随意地享受一些美食，比如：中国沿海的海鱼，西北地区的羊肉泡馍，江南一带的瓜果。

世界各地，都有着因地取材的不同食物，它们也蕴含着丰富的地理与饮食文化。如果有空闲，也有心情，我们就可以了解与享用它们。如日本的寿司，韩国的冷面，法国的鹅肝，加拿大的奶酪薯条……

食物是我们生命的需要，但我们不是为了食物而生存。我们享用食物的目的是为了生存与健康，那些能够满足我们生存与健康的食物，就是好食物，而不在于它们是否昂贵与奇异。农民在冬日早晨的一碗热粥、一碟萝卜咸菜、几块红薯，它们与城市居民早餐吃的面包、煎蛋和牛奶一样，都适宜生存与健康。

我们也可以在悠闲时，自己动手烹制几样饭菜，与家人、朋友们共享，这不仅能够提升我们的生活技能，也能够增加我们的亲情、友情与乐趣。

利用写作的方式

五岁的时候，你认识了有三五百个汉字，还上了一个绘画班和一个古筝班，学习基本的绘画、音乐知识。

有一天，我给你一个硬皮的本子，让你写日记。

你的第一篇日记里，有一些不会写的字，像是画出来的。

今天姥爷给我一些饺子，我给了姥爷一块巧克力。

饺子的"饺"和姥爷的"姥"你都不会写，就画了一些饺子和一个人。你还把姥爷的爷，上面的八字画得向上弯曲着，像过去那些县官戴的帽子。

后来，我们买了电脑，但你还不会打字，我便总是让你说出你的经历、感受和心情，我帮你打出来。我们的原则是真实地表达，在生活中经历了什么、心里感受到了什么就说什么，写什么。

这样其实很好，写作就是表达和记录。表达和记录的基础就是真实。真实地表达和记录，对一个人有很多的益处。

我们不一定要成为作家，但可以利用写作这种方式，来写下自己人生的一些重要的经历和感受。

它们是人生留下来值得回顾的轨迹呢，像蜗牛爬过以后留下的湿湿的印迹，像骆驼在飞扬的沙土中踏出的依稀可辨的蹄印。

它们记下了一些重要的经历和思想、感受，在很多年以后，往事都久远、模糊，只有一些大概的印象了，那时候看看这些写下来的事情，就仿佛回到了当年的时光。

它们可以帮助你整理自己感性、无序的思想，在大脑的显示屏上，更理性、深透地去认识一些事物。

它们还能够让你感受自己的内心。有些事情，是一晃而过的，大脑里留下的印象还不清晰，把它们写下来，是再一次经历，那些不清晰的东西会一点点地清晰、明确起来。

它们还可以增强你文字的表达能力，让你在笔试的时候、写论文的时候、著书立说的时候，都能够得心应手、挥洒自如。

它们还能够让你在喧闹、纷乱的世事中，沉静下来，进入内心世界。心灵静静地安歇着、思考着，不再浮躁，不再盲目行事，也不再疲于应对。

写作时，你可以自己对自己说话，也可以对那些不能直接面对的人说话，还可以面对着全世界说话。你有什么感情，有什么困惑，有什么不满，有什么欢愉，有什么期望，都可以说出来。说出来以后，就会有一种轻松的感觉，就像得到了释放一样。

我从二十几岁开始写作，记下了此后人生中的重要经历，甚至还有一些具体的细节。我也为你记下了从出生一直到上大学这十多年的足迹，出生、成长、欢乐、生病、烦恼以及一些重要的考试。它们现在成为我积累的最宝贵的财富。

翻看它们，我就会重新经历往事，就会会心地笑或者是沉思。而凭我的记忆力是记不住这么多详细的往事的。

我一般都是在一些纪念日和发生了重要事情以后写作；

在遭受了挫折、忧郁不快时写作；

在困惑、疑虑、心绪不宁的时候写作；

在无人倾诉的时候写作；

在感动、喜悦的日子里写作。

我也坚持每天晚上安静下来以后写日记。记下一天的重要事情、思想，也计划一下次日要做的事情。我这样做，像是在检查、安排自己的工作呢，几十年过去，我记下的日记，就有四五百万字了。

你上了大学以后，我希望你也能够经常留一点时间来写作。

在一个人独处的时候，在夜晚安静的灯光下，在阴雨的天气里，在思绪纷乱、难以排解的时候，坐下来，打开一个本子，或者就写到电脑里。它们可以是随笔，也可以是日记，不拘什么形式，只要记录下自己的经历、心情就很好。

安静地坐下来，写上三五百字，其实毫不费力，也不会占用很多的时间。它们反而会一点一滴地帮助你，对于你出国留学、回忆往事、整理思想、练习表述，都极有好处。

我期望你在写作中感受到生命积蓄和释放的快乐，并且有一天，也能发现，你写下的那些匆忙、潦草的东西，它们真的成了你人生的一大笔宝贵的财富。

英国的前首相丘吉尔，生前一直坚持写日记，并且坚持写作。在第二次世界大战中，他不仅作为英国首相参与指挥了同盟国的反法西斯战役，而且记录和写作了个人的经历与英国的很多真实历史，如《不需要的战争》《第二次世界大战回忆录》，因此获得了诺贝尔文学奖。他努力地尽到了人生的职责，充分地表达了自己，被英国人民誉为最伟大的人。

134

理解和拥有爱

爱是我们人生中最重要的感情。

亲爱、友爱、情爱、博爱，它们都是爱，我们要理解它们的含义和不同，珍惜和拥有这些感情。

亲爱是我们在家庭中，与父母、家人之间以及我们后代之间的血脉之爱。

友爱是我们在学校与工作中，与同学、同事之间建立的感情。

情爱是我们在恋爱、婚姻中，与所爱的人形成的感情。

博爱是我们对世间所有美好的事物产生的同情、关爱、倾心等感情。

在生命的历程中，我们与身边的人，关系是不同的，互相之间感情的性质、程度也是不同的。

父母与孩子之间的亲爱，是我们最早感受到的、最深切感人的感情，也是其他感情的来源与基础。亲爱的根本是由于基因传承、血脉相连、生命相护。所以，父母亲的爱，是出于天职、本能，是没有条件的。他们不会因为丑陋厌恶我们，不会在我们生病时抱怨我们是负担，就是我们成了被追捕的嫌疑犯，他们也会敞开温暖的胸怀接纳我们。有一位母亲丢失了五岁的儿子，二十多年了，她都不肯离开居住的小胡同，她怕她搬走了，儿子有一天回来找不到她。

> 世界上最爱我的人哪，
> 是年老了的父亲、母亲，
> 我寻求着人生中所有的爱，
> 那一份最爱，始终没有离开。

友爱是我们在社会合作、交往中产生的。一个人的生活是孤单的，能力是有限的，我们需要他人的友好、合作与分享。朋友能够增强我们的力量，温暖我们的心灵，分享我们成功的喜悦，在困难的时候向我们伸出援手。那些志同道合的朋友间的感情，是父母的亲爱、恋人的情爱不能代替的。李白有诗句"桃花潭水深千尺，不及汪伦送我情"，表达的就是苍茫天地、漫漫人生中，一种在学识、思想观念、志趣上相互理解的感情。

情爱是生命繁衍的需要，在青春期，相爱的男女之间产生感情，是有条件、并且排斥第三者的。有些不了解情爱本质的人，就因为滥情、多婚，伤害了他人，也伤害了自己。而理解了情爱的本质，我们就会理解自己，也理解对方感情的需要，甚至不会有失恋的痛苦。

恋人通常会在对比、选择以后，才爱上我们。他们也可能在我们条件优越的时候陪伴在旁边，而在我们陷入困境时离开，甚至还会因为条件更优越的另一个人的出现，变得无情起来。

有一对恩爱多年的夫妻，丈夫患了白血病以后，妻子不堪拖累，在丈夫病危时，带着孩子离婚了。他们是大学同学，有过花前月下的欢悦和山盟海誓，还有一个刚刚四岁的孩子。妻子抱怨说，他现在不仅不能照顾她和孩子，还需要她来照顾，他还花光了家里的钱。

但是真正相知、深厚的爱情，是能够超越物质条件、同甘共苦、互相扶持、相伴一生的。在"牛郎织女"的故事里，"寒窑虽破能避风寒，夫妻恩爱苦也甜"，表述的就是这样的爱情。

情爱从根本上，是由于基因繁衍、传承的需要产生的，是亲情衍化而来的。当夫妻有了共同的孩子，他们之间的情爱，也会由于血脉相融，联结成为亲爱，成为家庭中的基本感情。

友爱、博爱的感情，也是由家族里的亲情衍化而来的。早期人类在艰难的环境中，一个人、一个家庭，都难以单独生存下去，人们便形成了合作、依赖的群体关系，互相产生了友情；在漫长的发展中，人类不仅形成了依赖的群体，也依赖着自然界里的植物和动物，并且对它们产生了同情、关爱等博爱的感情。

所以，我们要在日常生活中，感受和理解他人各种爱的感情。在生命的经历中，一一地领会、接受这些感情，并逐渐拥有自己爱的感情，正确地表达自己的感情。这样，生活就会充满温暖、美好和幸福，正如哥德所说的："被人爱，多么幸福；有所爱，多么幸福。"

从小至今，我和爸爸尽力地爱护着你，你是我们最亲爱的人。你也一定感受过老师、同学的爱，感受过大千世界很多美好、可爱的事物。

你从小就有很好的感受、领悟能力，也经常表现出无私、感人的感情、品行。你上小学时，有一天放学回家后，说同学给了你几个草莓，你没吃，带回来给我吃。我看着你从口袋里掏出来的几个草莓，已经成了一团红色的果泥。但这件事情，一直深刻在我的记忆里。

随着成长，你一定会感受、理解更多的爱，也拥有更丰富、美好的感情。

经历了很多岁月，

我们才长大成人，

知道了各种不同的爱，

像贝壳点缀着沙滩，

像棉衣温暖了冬天，

像灯光照亮了黑暗……

感谢世界上那些爱我的人哪，

我也爱着世界上那些可爱的人……

有爱的生活，是有牵念、责任、付出的，也是真正快乐、美好、有意义的生活。

恋爱，选择一个适合的人

恋爱是男女之间本能的一种相互吸引，是彼此付出与获得的过程。

恋爱也是青春期的一种身心需要，它尝试、形成并且夯实着爱情，为随后的婚姻和繁育后代奠定基础。很多民族，都以各种形式，如部落聚会、歌舞、竞技、庙会等，为青年男女提供相识、交往、了解的机会。

但是美好的恋爱，还需要身心的成熟，这就是我们要避免的"早恋"问题。我们可能在小学时，就喜欢上了班里的一个异性同学，但这只是一种好感，这种好感容易随着时间、环境的改变而变化，为我们带来感情上的无奈和痛苦。所以，只有当我们身心相对成熟后，我们的需要、选择才会更为准确。

家人、学校大都不赞成未成年人恋爱，就是担心他们身心尚未发育成熟，思想、感情处在变化中，生存条件还不确定；也担心他们影响到需要专心学习来通过的中考和高考。而成年后，恋爱就是正当的了，甚至是我们生活中的一件重要的事情。

但是人生所有没有经历的事情，都是需要了解与学习的。我们开始恋爱时，要注意两个问题：

一是要在人群中找到自己喜爱的那个人。世界上让我们喜爱的人，肯定不止一个，但爱情、婚姻却是两人世界，是排他的，难以容下第三者。古今中外，因为爱情导致的犯罪率一直居高不下，所以我们不能随意地多角恋、婚外情，而是要认真地选定一个能够相伴一生的人。在这种选定里，要考虑基因、家族等方面。

有人可能简单地认为，爱情、婚姻只是自己的事情。其实它们是与基因、家族相关联的，因为后代的强盛，或者是后代有缺陷，甚至不能繁衍后代，都会影响到基因、家族的传承。

这样选定的人，才能够与我们执手，一起走过人生的漫漫长路，一起去经历风雨甘苦，既相互依赖，也相互支撑。

二是需要了解对方是否适合自己，自己是否适合对方。恋爱是两个人的互相倾心、付出，我们要了解对方在人生观、生活方式上是否与自己合适。如果我们不能符合对方的条件、期望，那恋爱就会是单向的，是会失恋的；如果对方在一些重要的方面，不适合我们，并且不能改变，我们也要慎重。比如，有家族遗传疾病等。

恋爱与婚姻，都讲究"门当户对"，这里的门当户对，不只是指双方家庭的经济条件相当，也包括我们个人所受的教育，以及一些文化习俗、人生观念和价值观念上的理解和认同。

人类的性爱、婚姻和家庭，从根本上说，都是为了繁育后代而进化形成的。我们在出生时，就被问及是男孩还是女孩，性别甚至影响着我们的一生。了解、认识到这个问题，在恋爱时，就能够避免一些误区。比如，能够避免容貌重于健康的错误，避免华丽重于简朴的错误，避免金钱重于心性、技能的错误，避免多恋、滥情的错误，也避免失恋的痛苦与伤害。

我们看人类以外的广大动物世界，为了繁衍、强大自己的基因，它们也是倾尽全力。南极的企鹅，像人类一样实行着一夫一妻，它们在严酷的环境中，组成合作的家庭，它们轮流着下海觅食，呵护幼儿。它们能够在几万只拥挤的企鹅中，找到等候自己的伴侣。没有这样的合作，它们的后代就难以出生和成长。有些动物甚至进化出了随身携带的育儿袋、给予卵子保护的一层硬壳……

我们人类是更理性、智慧的动物，我们遵循着自然的规则，也建立了很多社会规则。我们在爱情、婚姻中，男女合作，互相需要，又互相补充，就像传统俗语里的阴阳、山水的相互作用。

　　人类的历史中，充满了恋爱的故事，他们讲述着美好的经验，也讲述着一些遗憾与痛苦。如《孔雀东南飞》《梁山伯与祝英台》。而更多深情、相伴人生的爱情，不是轰轰烈烈，而是在日常生活中互相忠诚、相濡以沫的。他们的爱情，也在进入婚姻后，在养育后代中，成为融入一体的亲切、坚实的亲情。

　　下面这位父亲引导女儿避免盲目恋爱的事例，讲述了很好的恋爱规则，就是要走进森林，再拥抱一棵树木：

　　　　在澳大利亚一所中学里，十六岁的女孩安妮，喜欢上了学校里的一个男生，这个男生在运动场上的矫健身影，总是吸引着她。但她并不了解这个男孩的其他方面。

　　　　父亲发现了她的恋情后，周末带她到一处山林旁边散步。

　　　　父亲指着周围的树木问她："你认为哪棵树最粗壮？"

　　　　女孩指着身边的一棵松树说："这棵是最粗壮的！我刚刚能抱过来呢。"

　　　　父亲领着女孩，继续向林中走去，他们看到了更多高大、粗壮的树木。父亲又问女孩，她现在认为哪棵树最粗壮，还是刚才那棵吗？

女孩看到了好几棵更粗壮的松树，其中有一棵比她刚才认为最粗壮的那棵要高大粗壮好几倍。她伸出手臂，上前合抱这棵松树，怎么也抱不过来。

父亲耐心地告诉她："爱一个人，也像判断、选择树木一样，要走进森林，看到很多树木以后，才能选择、确定拥抱哪一棵大树。"

我们也记住这位父亲的启迪，防止盲目的恋爱。

关关雎鸠，在河之洲，窈窕淑女，君子好逑。恋爱是美好的，也是理性的。古今中外有很多恋爱的方式，一见钟情很好，同窗相知也很好，而更好的是能够执子之手、相爱相伴一生。

遇到了自己喜爱的人，是美好的事情。可以主动邀请对方去餐厅吃饭、去图书馆读书，或者一起参与一项文体、社团活动。

找一个合适的时机，以适当的方式，真诚地表达自己的恋情，也是美好的事情。我们可以用文字表达，也可以坦然或幽默地表达。表达自己的恋情与期望，有很多的方式，对于互相中意、心有灵犀的人，爱情也是容易读懂的。

爱情、婚姻里，也是有友情基础的。友情使两个人更容易平等相待、理解、交流。无论是朋友还是确立了恋爱关系，我们都要多关心、体谅、尊重对方，避免伤害到他人。

如果被对方拒绝和误解，我们也要从容、大度，相信更好的自己，一定会遇到更适合的人，更不要伤害自己。

生活真的会柳暗花明又一村。很多拥有了美好爱情的人，都有过这样的经历，甚至在你更优秀了以后，曾经拒绝和误解了你的人，又来到了你的身边，爱慕地看着你。

爱情的九个基本准则

爱情，是生命的本能，也是理性使然。

古今中外，那些美好的爱情，都有着一些基本的准则，如情投意合、比翼连枝、相濡以沫、执子之手与之偕老等。我们有理想的"牛郎织女"故事；有在风雪路上，互相陪伴着流放西伯利亚的十二月党人夫妻；更有现实生活中，普遍存在的不言于表的恩爱人生。

我们要拥有美好的爱情，就要先了解爱情是一种什么感情，有哪些基本的准则。

人类是以两性的合作来实现生命的繁育与长远生存的，爱情便是两性在基因繁育驱动下产生的一种感情，混合着性欲、亲密与承诺的内容，以建立起婚姻、家庭，来孕育、抚养与保护后代。

所以真正美好的爱情，是男女之间确立的一种身心亲密的生活关系，是因为自我的需要而产生的一种对异性的需要，有着合作、忠诚与相伴长远的性质和基本的行为准则：

1. 爱情是自爱与互爱的感情。

个体的生存，使我们自爱；基因繁育的驱动，又使我们以自己的需要、标准，选择着另一半。当我们的选择与另一半的选择相遇、契合时，我们就产生了互爱。

只有自爱的爱情，是单方面的。我们应该克制与改变自己的这种感情；不要伤害到他人，也不要伤害到自己。

具有自爱与互爱的爱情，才是正常、完美的。这样相爱的两个人，能够进入之后的婚姻，成为夫妻，共同养育子女。

2. 爱情是忠贞、排他的感情。

一男一女的爱情、婚姻形式，是人类长期进化来的最优繁衍、养育子女的形式，也形成了相应的私有财产的传承制度。

早期的人类，曾经历过群居、乱婚时期，孩子只知母亲、不知父亲，缺乏双亲的养育、保护，加上近亲繁殖，大部分胎儿流产，出生后不久的幼儿会夭折。在现代不忠贞的爱情、婚姻中，人们也难以判断孕育、养育的孩子是否是自己的基因，便会产生疑心，甚至凶杀。人类因爱情、婚姻不忠导致的犯罪，一直居高不下。

在现代大城市的基因检测中心，那些检测出养育了不是自己孩子的父亲，都会陷入深重的痛苦与随后的婚姻、家庭破裂中。

基因的排他性，是生物生存、繁衍的自我防护。人类以外的动物，也有基因的排他性。黑猩猩、叶猴、雄狮等，都会残酷地杀害不是自己基因的幼儿。

基于互相忠贞的爱情，才能够建立安全、稳定、长远的关系，才有利于孕育、养育孩子。所以美好的爱情，总是有忠贞要求的。而忠贞的要求，是为了自我保护与互相保护，也是为了保护自己的后代。

甚至爱情中的审美，也是由繁育的需要形成的。如生活在沙漠中的布须曼人，他们认为臀部阔大的女人是健康、美丽的，因为她们可以把这基因传递给后代，而在干旱缺水的沙漠中，身体积蓄水、积蓄脂肪的能力，是能够影响甚至决定存亡的。

3. 爱情是亲密、相伴长远的感情。

人生以及孕育、养育后代，都是长远的，需要男女长远合作、相守的爱情。

一夜情、多边情等一些短暂的行为，都是一时的性欲，而不是真爱、深情。西方的嬉皮士运动中，几乎整整一代年轻人都因为性放纵、混乱，而错失了真爱，错失了进入婚姻关系的机会。他们大都孤独、浪迹一生，留下了大批不能生活在父母身边，只能由祖父母抚养大的孩子，而他们的平均寿命，都比正常人少了二十多年。

4. 爱情会转化为亲情。

当我们成为父母开始养育子女后，爱情就会随着血脉的融合，转化为坚固的亲情。亲情就是那紧密连接着家庭、后代的长远感情，是人生最深厚、美好、根本的感情。亲情让父母亲养育我们，并且在危难时，舍身保护我们；亲情让家人互相扶助、关爱、温暖，传承着世代同一的血脉。

当爱情转化为亲情，我们的人生才完整，生活才踏实、坚定，并且温暖与幸福了。我们的胸怀会豁然开朗，原来那些青春期的躁动、那些男女性别的关系，都根源于这里。

所以，不要以为爱情是在婚姻、家庭中消失了。人生所有美好的感情都不会消失，它们只是汇入、融合到了亲情中。

当爱情转化为亲情，我们真正成为彼此的另一半，成为孩子们生长的天空和大地。在对方深夜未归时惦记着、患病时守候着，甚至在需要时割肝救子，也救夫、救妻。

5. 爱情是互补与相濡以沫的。

相爱的男女，来自两个不同的家庭，有很多生活认知和方式的不同，这些不同有时会引发冲突、争吵；双方也会因性别差异产生一些不同，如男性的体力、协作能力强于女性，女性则在耐力、家务能力上优于男性。但是这些不同是互补的，就像两棵不同的树木有各自的响声，也像山水一样共存着。

而一年年的共同生活，甘苦同当，作息一致，也会让我们逐渐相濡以沫，形成相同的生活习惯、经历，甚至形体、相貌都会相像起来。

6.爱情要考虑到婚姻、家庭。

美好的爱情，是为了建立家庭、繁育后代，就像植物的花朵，不是只为了艳丽，而是为了果实。欧洲的一些国家，没有孩子的夫妻是不能登记为家庭的。

在广大的生物界，很多父母为了后代，不辞艰辛、危险，迁徙、觅食、守护，甚至甘愿付出自己的生命。

所以我们一代代人，都承载了父母的基因与养育，我们都不是只代表自己，都有着传承的职责。我们从恋爱开始，便要考虑进入婚姻、家庭，为后代选择成为父母亲。

我们甚至需要听取父母的一些建议。

7.爱情是两人真心相许的合约。

爱情是有职责，也是需要承诺的。职责与承诺，就是一个相许的合约。这个合约有相爱、忠贞的内容，也会有一些婚姻和经济的内容。相爱了，就要遵守合约，履行职责。

爱情的承诺也许是出于冲动，也许经过了深思熟虑，但它们都是一种约定，表达着忠贞、长远的含义。如："我永远爱你""执子之手，与之偕老""问世间情为何物，直教生死相许""结发为夫妻，恩爱两不疑"。

西式婚礼时，主婚人都会问："你爱她／他吗？你愿意娶／嫁她／他吗？你愿意忠诚于她／他，无论她／他贫困、患病或者残疾，直至死亡吗？"

这些公开的仪式，也表示着爱情的社会意义。

自然，也总有一些违背合约的人；有一些利用爱情来投机取巧，甚至欺骗的人。而社会会承认与保护两厢情愿的合约，谴责与惩罚这些违背合约的行为。

所以，我们遵守合约，也要辨识那些利用爱情、性情不良的人；要拥有发自内心，也符合自然规律、社会观念的爱情，而不是违背伦理、任性混乱、只图一时不顾其他的"爱情"。英国的爱德华八世，为了与已有过两次婚姻的辛普森夫人结合，任性地放弃了王位，把一时的爱情当作全部的人生。而在他们婚后不久，总是违背爱情准则的辛普森夫人就有了其他的情人，并且在爱德华老年患病，不能再给予她社会便利后，不时地谩骂他，最终抛弃了他。

8. 尊重一些自然与社会禁忌。

有些民族、宗教，至今在男女相爱、婚姻和生活方式上，有些特殊的规定，甚至禁忌、法律。我们最好能了解、注意到。如信奉不同的宗教是不能通婚的；有些民族有特别的饮食习惯，回族是不食猪肉的；非洲一些国家是允许一夫多妻的；

印度有些地区，不经家人同意的男女婚恋，是要被惩罚，甚至可能被打死的。

了解爱情的这些基本准则，我们的爱情一定就会既符合本能，又是理性的。我们会真正感受到：被人爱，多么幸福；有所爱，多么幸福！

9.爱情是会改变的。

在不同的生存环境中，有些人的爱情会忠贞不渝，也有些人的爱情是会改变的。自古至今，这样的事例就伴随着人类的生活。

我们要正确地理解人性的可能性、多面性，当一方移情别恋时，就要忍痛分手，去找自己新的爱情。而不要在失恋的痛苦中，伤害到他人与自己。

要记得，让自己优秀起来，就会赢得美好的爱情。

也许，那属于你的美好爱情，正在前面等待着呢！

失恋可以不痛苦

　　失恋是很多人都有过的经历，也是很多年轻人正在经历的事情。

　　人在年轻的时候，对爱情的渴望很强烈，但认识却是单纯的，往往在一个恋爱对象身上投入自己的全部感情，而一旦失恋就会陷入难耐的痛苦之中，把眼前的一片乌云当成整个天空，想不到向前走上一两千米，再抬起头时，就能看到湛蓝的天空，乌云已经飘走了。这也像小孩子丢了书包，就当成一件天大的事情；而到了中年的时候，就是房屋倒塌了、家园丢失了，想想年幼的孩子，也只好乐观地开辟新家园，再建起坚固的房屋，开启新的生活。

　　二十二岁的土耳其青年亚安，在女朋友与他分手以后，就在痛苦无奈中采取了伤害自己的方式，他对着手机镜头诉说了自己自杀的原因，然后把枪口对准了自己的胸口……一个年轻的生命就这样结束了！

他留在手机里的很多信息都是关于女朋友的，透着失恋的痛苦与心灰意冷的绝望。

这是只因为一人、只看到一时的绝望导致的自我伤害。而我们每个人的生命都是宝贵的，我们被很多人爱着，也会遇到很多可爱的人，并且一定会有更适合自己的爱人。

如果亚安能够冷静下来，想一想失恋的原因，明白其中的因果关系，痛苦就会减轻很多；如果他能够因此更努力地学习、工作，半年、一年以后，也许就会遇到另一个女孩，她可能比离去的女友更美丽，并且善解人意，体贴别人。那时候的亚安，就不会采取这样让人扼腕的自我伤害方式了，他甚至会感谢命运了。

那些生活条件优越、成长顺利的年轻人，心理都很脆弱，难以承受失恋的痛苦。所以，父母们有责任多关心、开导他们，不仅要告诉他们怎样正确地对待恋爱，也要告诉他们正确地对待失恋，把恋爱与失恋都当成人生的有益旅程。而没有经验的年轻人，也要学习、了解一些爱情的基本知识，知道性、爱情、婚姻与家庭这些人类行为的本质与意义，以避免盲目与错误。

失恋一般都有如下几种原因：

154

对方爱上了其他人。（这是移情别恋）

对方嫌弃你没有达到要求。（这是条件不对等）

你爱恋着，对方却没有真正地爱上你。（这是单恋）

在一些事情上，两人之间发生了误解、冲突。（这是可以解释与缓和的）

失恋的时候，先冷静下来，想想是由哪种原因导致的。

如果是对方爱上了他人，那么一定要明白，爱是不能勉强的。

如果是对方嫌弃你没有达到一些条件，那么你不要焦虑，在这些方面多努力，你就能赢得对方。

如果你爱上的人没有回应，你只是单相思，你就要改变自己的恋爱对象。

如果是因为一些事情发生了误会、冲突，你可以耐心、反复地做出解释，相信事实和真情会打动恋人的。

失恋是我们爱上了一个人，却不能同样被爱。人生中，我们不只会有爱人而不得的痛苦，还会有爱上其他事物，也一时得不到的痛苦。它们都是一样的性质。

所以对待这些事情，我们要有明智的态度。

而解决失恋的最好的方法，就是冷静处理并提高自己的能力。一定要记住，爱情是不能乞求的，更不能伤害自己。我们唯有让自己变得更好，才是最根本、有效的策略。当你成为一个优秀、强大的人，或者具备了某一方面的条件、能力以后，你会发现，爱情重新回到了你身边，你甚至得到了更美好的爱情。

世界上，绝不是只有一个人适合你、值得你去爱。放下这段痛苦的恋爱向前走去，你会感觉天地广阔了，心胸豁然开朗了，并且你会遇到更美好的爱人，产生更美好的爱情。

那时候，我们再回头看现在的这段失恋经历，就会如释重负，甚至开心一笑，像经历了一个磨炼自己、有趣的故事。

德国的大学者歌德，也经历过失恋的痛苦，并且以此写下了《少年维特之烦恼》。歌德在痛苦中，选择了更努力地学习、工作，强大自己。他后来遇到了聪明可爱、温柔漂亮，并且与之心灵相通、相濡以沫的女孩克里斯蒂娜。在耶拿战争中，敌人来到了家门前，克里斯蒂娜在门口舍命相拦，救了歌德一命。在克里斯蒂娜因病去世以后，歌德一直深深地怀念着她。魏玛时期，歌德担任了财政大臣，他的才学和身份、地位都受人仰慕。有一天，他曾经爱恋过的绿蒂和她的母亲一起走进了他豪华的办公室，她们是慕名来拜访他的，而歌德竟然一时没有认出她们来，她们的衣着和谈吐平庸而且无聊。歌德在她们走后反思自己，他当年怎么会为这样的人那么痛苦！

所以，失恋不可怕，无论是我们自己的原因，还是由于对方的原因，只要我们冷静下来，正确地分析出失恋的原因，并且理性地向前走去，努力学习、工作，让自己变得更美好、强大。我们一定会在前行的路上，发现我们不只减轻了失恋的痛苦，还开阔了心胸，遇到了更美好的恋人，拥有了属于自己的真正美好的爱情。

所以，在我们开始恋爱时，要有正确的理念：

●在遭遇失恋或者其他人生挫折的时候，先冷静下来想一想原因，或者与身边的亲友倾诉一下。一定不要做冲动的傻瓜，伤害自己或者他人，冷静三天或者三个星期，就有可能会峰回路转、柳暗花明。

●更用心地学习、工作，相信困境会过去，并且会成为有益的故事，更美好的生活在前方等着你。

●正确地理解了自己与他人的感情，就一定能够把坏事变成好事，让好事更美好！

你人生不能做的事情

不能在阳台上点火。

不能把手指插进电源插座。

不能在车辆飞驰的马路上蹲下来玩。

不能动冒着蒸汽的压力锅。

不能随便拿别人的东西。

也不能骂人……

幼小的时候，我总是阻止你做一些事情，因为你还不知道这些事情能够带来什么危险，还没有能力控制它们。

现在来看，它们都是一些小事情了，随着年龄的增长，有一些事情让你做，你也不会去做了。

但是你逐渐地长大了，也有了另外一些不能做的事情。

其中最重要的一件，就是要珍爱自己的生命，不伤害自己，也理解、尊重和关爱他人的生命。

　　生命是最宝贵的，每个人的生命都只有一次，所以你一定要珍爱自己的生命。在漫漫时光中，每天以快乐的心情，顺应天时，勤劳做事，避免各种危险，平安、健康、快乐、美好地度过一生。

　　生命也不只是属于自己的，每个人都承载着家族绵延的基因，父母养育的心血、期望，这就是古语说的："身体发肤，受之父母。"我们经常看到和听到，那些丢失了孩子的父母亲，人生就坠入了苦难、黑暗之中，孩子比他们自己更为重要，他们倾尽家产和精力寻找孩子。山东东营有一位父亲，为了寻找被人拐失的儿子，十七年的时间里，骑着摩托车寻遍了全国十几个省。他睡桥洞，喝路边的脏水，顶着寒风、暴雨行走。他说不寻找儿子，他心里更难受，只有在寻找的路上，他才感觉自己是一位父亲。

　　天下的父母大都是这样的！

　　所以，你在成家立业以后，要传承基因，养育好自己的后代。

　　你也要理解、尊重和关爱他人的生命，不伤害他们，尽可能地帮助那些不幸的人。在进入陌生的地域时，要了解和遵守当地的社会习俗与法律。植物与人类以外的动物，都是自然界的不同生灵，是与我们共生的，只要对我们没有危害，也要尽可能地理解、保护它们。

第二件事情是无论在什么时候、什么地方，你都不能吸毒。

很多吸毒的人，因此毁了一生。

我采访济南市女子劳教所的时候，见过一个十七岁的女孩，她七岁时，父母离婚了，父亲经营一家大酒店，母亲又嫁了人，并且有了一个男孩。这个美丽的会弹钢琴的小女孩，放学以后便经常到家门前的理发店里玩耍。有一天，店里的一个女人让她品尝了一点白色的粉末，此后，她便每天都去理发店买那种粉末，到她父亲知道这件事情以后，她已经染毒成瘾了。我见她的时候，她的胳膊上、大腿上全是密密麻麻的针眼。她对我说她是多么怀念她美好的童年，说她是多么想从这里走出去，做一个正常的人。但是说着说着，她就坐立不安起来，她攥起拳头，咬着嘴唇，身体颤抖起来。管理员不得不把毒瘾发作的她扶回宿舍。她父亲已经把酒店转给了别人，锁上了家门，用所有的钱来为她戒毒。

这个女孩一直留在我的记忆里。毒品是很容易染上，却难以戒掉的，它会毁掉一个人。所以，你一定要记住，无论你的处境多么痛苦，或者多么纵情、随意，你都不能去沾染它。

第三件事情是你不能去做无谓的牺牲。不能赤手空拳地跟歹徒搏斗。我们大院里，曾经有一位阿姨在回家的路上被抢了手包，记得你当时说，要是有人抢你的钱包，你就会一拳打过去，把他打倒。儿子，你把歹徒想得太简单了，你没有想到，钱包永远不能跟人的生命相比。那些手持凶器的歹徒是不顾一切的，他们要抢你的钱包，就先让他们拿走，然后再想法报警。那位阿姨就是因为不肯松手，被歹徒砍伤了拿包的手。还有一个十六岁的男孩子，为了追赶一个偷别人钱包的人，被捅倒在血泊里。他的母亲抱着他，喊着他，他最后说的一句话是："妈妈，我不想死。"

儿子，我只有你一个孩子，世界在我的面前，唯有你最重要。我不愿意成为第二次世界大战以后的那些母亲，人们都在欢呼战争的胜利，她们却在街头疯子一样地寻找自己永远留在战场上的儿女。为此，我也总是反对各种战争，祈望人类和平！

你可以帮助别人，但要力所能及。你不要自己不会游泳，却跳下水去救人。你可以呼喊或者组织营救。你可以为别人献血，它不会危及你的生命。你也可以为社会捐款，建一座学校，或者一所养老院。有很多方式能让你帮助那些遇难或者不幸的人。

第四件事情是不能随便拿别人的东西。你从小就不肯要别人的东西，就是邻居的阿姨给你一块糖，你也不肯要。但是在一些紧急的情况下，你可能不得不使用一下朋友的自行车，或者桌子上的一元零钱。这都没有什么关系，只要你记得告诉它们的主人，并且表示深深的谢意。如果你捡到了自己正好需要的东西，不要留下它，要想法归还丢失的人。你可以自己去买，买不到同样的，你就买一件比它更好的。我曾经捡过一张几千元的购物卡，上面没有名字，我无法知道谁是失主。我把它放在包里，有一个星期了，我也想过用它来购物，但是摸到它的时候，我就感觉它是异物，我喜欢真正属于自己的东西。后来大院里的一个人说是她丢的，还说了一个钱数，我就毫不犹豫地给了她。

那些真正属于自己的东西，特别是自己创造出来的，使用起来才安心、踏实、愉悦。

第五件事情是不能放纵自己的心灵和身体，让它们沾染一些龌龊的东西。我们要过一种干净、美好的生活。你小的时候，我们俩谈论过人有两条命，一条是肉体的，一条是精神的，两条生命我们都要爱护。我们总是选择那些干净、饭菜可口的饭店去吃饭；我们也要选择正当、真正喜欢的人，来满足我们的爱情、性欲和婚姻；还要选择那些有品位的影视和图书，丰富和高贵我们的心灵。

第六件事情是不能去赌博场所。那里总有一些诱惑、阴谋、投机和陷阱，却从来就没有幸运。香港有一位赌王，在赢了一大笔钱以后，被人剁去了手指，砍断了双腿。他此后离开了赌场，向人们公开了赌场的秘密，以及他是如何在赌博时造假的。在人生的道路上，我们不知道的邪恶有很多，已经知道有它们的地方，除非没有办法，否则就一定要避开。

美好的人生是要自律和有禁忌的。在一些不能做的事情上，多一份坚定的克制，也就少一份长远的损失。

巴西有一个叫贝利的男孩，在踢足球方面很有天赋。但是巴西的街道上经常有一些抽烟、酗酒和打架的年轻人。贝利有一次也点了一根烟，学着别人的样子抽着。回家以后，他的父亲没有责骂他，而是给他指出了两条人生的道路：一条是像街道上的那些年轻人一样抽烟、酗酒和打架，毁掉自己的身体和前程；另一条是不让自己沾染上不良的习惯，做一个有出息的运动员，为人们所尊重。贝利选了后者，他此后就再也没有抽过烟。

还有一些不能做的事情，我一时还没有一一想到，等我想到了，就会告诉你。

也有一些事情，是可做可不做的，要看你的处境，看你想成为一个什么样的人，比如说谎、从众、一次小小的投机和侥幸。一个人不可能避开所有的错误、危险，径直地走下去，也不可能一点也不沾染世尘，只要在一些重大事情上头脑清醒，有明确的分界和坚定的控制就行。

但是那些坚决不能去做的，并且从小到大到老都不能去做的事情，无论处于什么环境，都一定不要去做，不要为了一时的痛快，后悔一生。当你的理性控制住了一些诱惑和随意、放纵，人生也会更为顺利，有成就和光明、美好。

这样你才能胸怀大局、目光长远、坦荡安宁、担当大任，不仅能成为杰出的人才、大家，拥有很多的荣誉、喜悦、幸福，也能够照耀和引领更多的人生，为他们带来光明和幸福！

儿子，你是一个善良、看上去随和但是知道自己应该做什么的孩子。你一定知道这些事情，并且已经做得很好了。你经常让我欣喜和骄傲。我把这些不能做的事情写在这里，只是母亲的职责和愿望，也是这本书的不可缺少的一部分。我相信你能理解，这就像，昨天你出门时我已经说过了注意安全，今天你出门的时候，我又说了一遍一样。

一分耕耘，一分收获

　　学习是一个人人生中很重要的事情，需要勤劳、用心、坚持和深入，也需要一些好的方法，慢慢地你就会在辛苦中感受到很多的乐趣，在一些看起来艰难的事情上，也很轻松自如了。学习也不仅是指学业，生活中一些重要的事情，都需要学习和了解。就像你小时候，曾经笨拙地写不好拼音字母，现在却能够在电脑上打英文申请书一样；也像你学自行车摔破了膝盖，后来却能够骑着它跳跃上一个个的台阶一样。你只是一天天地写了下来、骑了下来，一步步向前走着，很多艰难的事情就留在了身后。

　　那些捧着世界冠军奖杯的体操运动员，五六岁时还只是一些普通的小孩子，但是他们每天训练，十六七岁的时候，就能够在一块十几平方米的场地上，腾空跃起，并且连做好几个优美的转身呢。

你是一个不论做什么，都能够领会得很快、做得很好的孩子。但是你也有几个弱点：

一是怕麻烦。你吃一些剥皮的、带核的食物时，总是嫌麻烦。其实时间长了，这种态度也会影响到学习。而学习是不能怕麻烦的，每天晚上，都应该抽时间坐下来，复习一下老师讲过的内容，然后再预习一下次日要学习的内容。学习上也需要有一种研究的精神，耐心、深入地去理解，甚至扩展到相关的领域和知识，然后发现和提出一些问题，再带着这些问题去查阅资料，向人请教，逐渐地建立起自己的知识体系来。

你不嫌麻烦了，有耐心了，才能发现生活和学习中的细节。很多问题往往都是出在细节上呢。

二是你做事情缺乏一种勇敢精神，不够果断、坚决和强烈，总是差不多就行了。记得那次在深圳参加完全国物理竞赛，你认为被北大录取了就行了，拿不到金牌也没关系。其实金牌只是一个目标，它促使你向更高远的地方前进。田径运动员刘翔已经创下了世界纪录，拿了好多金牌，但他还在努力地奋斗着，他说他要挑战自己，激发自己的潜力，看看自己到底能够跑多快，这是一种探险呢。

三是考试过去以后，你很少认真地对题。对题是为了找出自己没有做好的题目，从而避免以后再犯类似的错误。这就像一个人摔了跤，要看看脚下的路一样。

再一个弱点，是你在登上了一个高度以后，总会松弛下来，不去考虑下一步怎么走了，不及时为长远的目标打基础了。你拿到了北大预录取通知书以后，就懒散了很多，有时睡懒觉，玩电脑，半年多的时间，就那样过去了，课外书都没有读几本，也没有准备大学里的课程。而很多被提前录取的同学，却用这一段时间，预习了大学的一些课程，为自己争取了先机。

还有一个弱点，是你多少有一些侥幸的心理。也许是你顺利地进入了最好的中学、最好的大学的原因，你现在好像还在等待着什么，依赖着什么，而没有意识到你其实是不能等待、也没有什么可依赖的了。你已经十八岁了，要离开父母与中学里的老师，开始大学生活，靠自己来创造命运了。你身边的同学都很优秀，你与他们一起，就必须有优秀之处，或者在某一学科的学习上，或者是在某一方面的研究上。你必须早一点选择一个研究方向，或者多做一些思考，争取进入实验室，然后写出一两篇有分量的研究论文来。你要用你的所长与探究，与老师交流，得到更多的指导和帮助。

你还有点懒惰，没有安排和逼迫的时候，很少主动去做什么事情。主动是命运的钥匙呢，古希腊的哲人说："山不会走过来，我就向它走去。"要主动地去攀登、探险，并且马上开始行动。要像农民一样，在你所属的领域里，努力地耕耘，没有种子，就四处去采集；没有雨水，就引水浇灌。你勤劳、坚持和深入，比别人付出更多的汗水，总有一天，就会拥有别人没有的收获。

你不是很喜欢朗费罗的游记吗，他就曾经说过：

If you would have a thing well done, you must do it yourself.（你如果想将事情做好，就得亲自动手。）

你也马上动手去做今天、明天的事情吧。

还有一位叫卡莱尔的历史学家说：

The tragedy of life is not so much what men suffer, but what they miss.（生活的悲剧不在于人们受了多少苦，而在于错过了什么。）

你刚上小学时，我跟爸爸晚上陪你做一些智力数学题，如龟兔赛跑、二十四点等。我们放弃了看电视，有时间就坚持，我有一个"出题本"，里面就记下了很多我们每天晚上做的题目。这一天天的耕耘，使你在二年级时，就在学校的趣味数学竞赛中，总是拿第一了。

在学习上，真的是一分耕耘，就会有一分收获；而没有耕耘，就不会有收获。

你也在学业上，继续下一些苦功夫吧，不要错过这么好的学校、青春和富有创造力的人生。

翻过一座座山头

　　人生的很多学习、工作，很像是在翻越一座座山头。

　　我看过一个军事纪录片《特殊训练》。十几名新战士，来到一个特训队，参加三个月艰苦的训练。他们在风雨中，肩负沉重的木桩急行军；他们跳下二十多米深的坑道再冲上来；他们要在一分钟的时间里，组装起一把狙击枪，然后命中靶心二十五次。

　　一位达不到要求的战士要求退出，他责问训练官，说这样的要求谁能做到？训练官冷冷地看了他一眼，就趴到地上，抓起零件，快速地组装好了狙击枪，然后在一分钟内，命中靶心三十二次。离开训练队的时候，这位退出的士兵明白了，有一座山头他没有翻越过去，他失败了，在艰苦的任务面前放弃了。

训练队的一项项高难度的训练继续进行下去，又有几位战士坚持不下去了。他们以各种心情退出了训练队伍，也失去了后面的训练机会。

但是训练完全结束以后，那些坚韧地坚持下来、最终通过了全程的战士黑瘦的脸上，却有了一种蔑视一切困苦的自信、喜悦和光荣。有两位战士互相击着掌，纵情地笑着。他们不只是通过了几个月艰苦的训练，而是不畏苦难、坚持攀上了一个人生的高度。

我在农村插队的时候，艰苦的劳动中，也很多次感觉自己坚持不下去了。六月收麦子，打满水泡的手破了，一触到麦秸就疼出了冷汗，但是手还是要不断地向一垄垄的麦子伸去；秋天浇地瓜秧，扁担压在淤血的肩上，身子就会随着沉重的水桶禁不住摇晃，但是脚步还得向前迈；晚上经常不洗脸、不脱衣服就倒在了床上，不知道明天有什么农活、身体能不能撑下去。那时候，我是知青组长，十七岁，个子最矮的一个女生。知青组里已经有人病了，有人请假回家了，我想我要是坚持不下去了，剩下的人肯定就更坚持不下去了。第二天早晨，我又早早地起来，招呼、鼓励着他人，推着吱吱呀呀的独轮车送粪去了。

后来我开始了写作，我读很多古今中外的书，孤独地思考，观察自然、社会的复杂现象和领悟人生。我甚至放弃了能够得到的一些工作职务。我很少有娱乐、休闲的时间。在寂静的深夜里，我在灯下独坐，不时地奋笔写作。我心里有一座向往的大山——像海明威、萨特、赛珍珠等一样，写出能够表述生命生动、悠久、复杂的生存，打动人类的传世杰作。它有些高不可及，但翻过它，一定就是树木繁盛、鲜花盛开的原野。我一直在向前走着，走了十年、二十年、三十多年了。现在，我的头上已经间杂着很多白发，颈椎病时常发作，但我还在努力地翻越着，它是我人生最高大的一个山头呢。我的床头放着一本《获诺贝尔奖的女性》，里面的主人公精彩的人生一直激励着我。

很多的人，都这样为一些事业，在向着一座座山头，努力地、不肯停歇地、艰苦地翻越着。

在艰苦的事情面前放弃，很容易。但是总有一些身心不凡的人坚持了下去。那些坚持下去的人，最终就翻越了一座座的山头，站到高处和远处了。很多年过去以后，他们再回顾那些艰苦的经历，就会庆幸他们没有放弃，那些经历过的艰苦、磨难，都成为一个个有趣的故事，甚至资本和骄傲了。

翻越一个个的山头，总是不容易的；总是想停下来，喘一口气；总是要腿软、流汗，甚至流泪、流血。但是我们一定不要轻易地放弃，也不要过多地去想前面还有什么艰难。我们可以停下来歇一歇、调整一下方向和脚步，然后继续低头弓身地一点点前进，终会站到一座座高大雄伟的山头上的，总会看到脚下的事物都逐渐地变矮了、变小了。而那些放弃了的人都消失了。

人生的艰苦，其实是在磨炼智慧和能力，在为喜悦和幸福铺路。翻越一座座的山头，是在让自己走向更为美好、高远的地方。

人类在地理探险时代，阿蒙森、斯科特，是早期南极探险的两位英雄，他们是知道南极的严寒、冰缝与没有食物等危险的，但他们还是坚定地出发了。他们在最严酷的环境中，一步步前进，最终到达了南极。

你喜欢的理论物理学家霍金，在肌肉不断萎缩的疾患中，克服着身体的病苦，孜孜不倦地研究、探索宇宙理论，证明了奇性定理与黑洞的面积定理，被誉为人类最伟大的宇宙科学家。

在人类生存的各个领域，都有这样一些心怀理想、翻越山头的人。

小时候，我拉着你的手向前走，也吃力地翻越过一些小山头。我们去爬长城，在那些陡峭、上不去的地方，我和爸爸都要抱着你。我也教你认字、读书、与人交往，引导你的心智，让你理解人性和文化，看到一些远大的境界。

不能陪同你的时候，我就看着你爬山，一天天地走出家门，一点点地向前走去。

在我眼里，你总是一个需要爸爸妈妈呵护的孩子，让你独自去经历一些生活的艰苦，我总是心疼，我愿意替你在漆黑的夜晚去上晚自习，挡住所有向你袭来的严寒、风雨，但是我也知道，我会很快地衰老、无能，不能替你去做很多以后的事情，并且如果我总是代替你，你就不会拥有自己真正的智慧、能力，我更不能让你放弃，如果让你放弃，有一天你可能会后悔和责怪我的。

我便不时地催促你学习，在你贪玩的时候，扮演一个不受欢迎、让人厌烦的角色，喊你停下来，别玩得太久。

如果我不能再催促你、喊你了，那你就要自己督促自己，自己喊住自己。

我看着你独自开始翻山越岭地前行。儿子，在我不能看着你的时候，你还要自己往前走，乐观、坚定地走下去，只要方向正确，就尽量不在中途放弃，稍事休息、调整一下，再耐心、坚韧、快乐地向前，一直翻过你向往的那最高大的山头，走到美好、幸福的生活里。

每个时期，都要有些好朋友

　　我们的人生中，除了家人，能够理解和相伴的人就是朋友了。

　　朋友可以不受年龄、性别的限制；可以志同道合，也可以互补。那些同龄的朋友，有着差不多的经历，会有更多共同的话题；那些年长的朋友，有很多人生的经历，他们能给你有益的经验和指点；那些异性的朋友，少一些竞争，她们能够更为真诚地告诫和肯定、激励你。

　　在不同的自然环境和复杂的社会生活中，我们会遭遇各种事情，会感到孤独、寂寞，会不时地遇到麻烦、困难，甚至会感到屈辱、无助，非常需要理解和同情。

　　生活顺利的时候我们也许感觉不到，但是处境陌生、艰难的时候，就会分外需要朋友的温暖、理解与支持。

你刚上幼儿园的时候，有一个很困难的适应期，那是你进入的第一个小社会，面对的是陌生的环境，以及与家庭不同的老师与伙伴关系。每天早晨你都恳求我不去幼儿园了，把你送进幼儿园的大院以后，我心里也很难过。但没有办法，一个孩子是必须逐渐融入社会的。好在你有一个好朋友，他叫海男，一个秀气、温和的小男孩。他每看到你，总是喊着你的名字就上来拥抱你。你们俩一起玩玩具，看画书，交流孩子们之间的事情，一个这样的朋友带给了你很多的温暖和快乐。

在小学、中学里，你也有一些很好的朋友，你们互相招呼、开玩笑，一起学习和游戏。初中的时候，你经常跟一个读了很多书的同学放学后谈论一些文学、哲学问题，你回家晚了，我问你去哪儿了，你会高兴地说："跟同学一起遛弯了！"那个学期，你的身心都成长了很多。高中，你提前被北大录取了，便帮老师建电子文档，教同学做物理题、弹吉他。高考以后，你们几个好朋友还一同去了云南旅游。优秀的学业成绩和这些意气相投的好朋友，让你的脸上洋溢着热情和欢乐。

回忆我的人生，也有过几次极为艰难的经历，都是朋友温暖、帮助了我。

一次是在童年，因为姥爷被批斗，学校有些同学时常辱骂我，我每天上学都心怀恐惧。但是班里一个叫可信的女同学始终与我保持着友谊，看到有人欺负我，她便会站出来呵斥他们，放学的时候，她总是等着我一起走。她的友谊，对我如此重要，伴我度过了那段压抑、恐惧的时光。

工作以后，我也遭遇过一次工作危机。我所在的出版社领导想在重要的职位上安排一些有关系的人，他们内定了以后，才开大会让每个人选择。我不明就里，还是选择了我原来的位置，而这个位置已经给了一个有关系的人。于是我落选了。同事们大都兴高采烈地进入了新的关系网络，我的心情却极为伤感、低落，这样的事情与我的人生观和理念极为相悖。这种情势下，只有一个同事特意跟我坐到一起，她告诉了我内定的事情，要我一定看开这些。这以后我们成为了很好的朋友，在她后来遭遇困难的时候，我也尽力给予她所需要的温暖和帮助。

你上小学的时候，我到南京大学去完成本科的学业，那也是一段很艰苦的日子。因为要照顾你，我不能住校，只好每个星期赶过去上几次重要的课。我一般都是在周末的晚上坐火车，凌晨赶到学校，然后住到学校临时的招待所里，再匆匆地赶去上课。冬天，南京的学校没有暖气，又冷又潮。奔波、劳累和糟糕的天气，我经常重感冒。但我的同学有人借给我课堂笔记，有人送我衣服，有人帮我排队买饭，为我做了很多事情，分担了我的困难。我们经常在寒湿的天气里，下课后一起去喝十元钱一碗的又热又辣的鸭血粉丝汤，我总是早到柜台前为大家结账。毕业后回来的火车上，我极为感慨地想，这些同学的友谊是我在南京大学求学的最大收获呢。

人与人的友谊是互惠的。我们要记得那些在我们孤独、困难时，同情、温暖、帮助过我们的人，也要尽可能地去帮助那些需要的人，要主动地跟别人微笑、打招呼，付出自己的关心和帮助，做别人的好朋友。

你是一个聪慧、善良、诚实的孩子，几乎没有一点品行上的问题。你也从不自私。记得高中时参加全国物理竞赛，有同学问你一些难题，虽然他们是最后几个与你竞争名次的人，但你还是毫无保留地一一为他们讲解。

诚然，在群体中，因为各种处境与生存利益，总是会有一些嫉妒你的人、一些特别为自己谋取利益的人，甚至一些朋友，也会因为一点利益的妨害而伤害你。在遇到这些事情的时候，你首先要理解和宽容，再是要正确地面对。如果是一些小事情，就不要去计较；如果是重要的事情，最好能够诚恳地交流一下；如果是误会，一定要早做解释。如果是在背后，不能说到当面的一些诽语、伤害，就要远离这样的朋友。

在学校里，同学们每天相处，甚至住在一起，纯真烂漫，互相倾诉，很少有利益冲突，便十分熟悉和了解，很容易成为好朋友。所以，你在学校里，要多跟同学交流，多结交一些朋友。除了同班、同专业的同学，其他老师、外专业的同学，甚至留学生，也要多跟他们交流。你不仅能够从他们身上获得友谊，也能够从他们那里了解不同的生活，学到很多社会知识，感受到美好的友情。

在朋友之外，也要注意跟那些在学识、修养、社会地位都高于自己的人交流，他们也许不会成为你亲密的朋友，但他们更能够让你受益。俗话说，跟高人为伍，你才能成为高人。那些高人有着生活的经验和智慧，手里还掌握着思想上、学术上、人事上的很多资源，他们的一点指点和帮助，就能够解决你的大问题。印度的钱德拉塞卡刚到剑桥三一学院的时候，周围的同学都在研究量子力学，他就跟随物理学家狄拉克做研究。狄拉克也是研究量子力学的，很少有时间指导他，但在狄拉克的建议下，钱德拉塞卡到了哥本哈根进行了一年的研究工作，在那里认识了大师玻尔。他在剑桥还认识了天文学家爱丁顿与米尔恩。他们在他此后的学术道路上都起了非常重要的作用。你中学时的一个同学，到北大元培学院以后，找到了物理学院的院长，要求在他的指导下做论文，这个院长在物理学界很有些影响的，后来这位同学的论文就发到了《自然》上，并且因此顺利地去了美国的名校。

你经常交往的人，就是你生存其中的一个重要的社会环境。近朱者赤，近墨者黑，这个环境会影响你，并且决定你现在和站起来的位置和高度。

分享快乐，分担困难

　　一个人的成长、在生活中的一些经历和感受，是需要有人分享与分担的。分享能够引发理解与同感，分担可以减轻压力与忧虑、痛苦；如果没有人分享和分担，就容易感到孤独。

　　小时候，你说的每一句话、提出的每一个询问，我都会回应你；你学到的每一点知识、技能，都让我感到喜悦；而你遇到的每一个困难，都让我担心。

　　在你还不会阅读的年龄，我给你读故事书，然后我们一起被故事里面的情节打动，开心地笑，或者痛苦和沉思。

　　有一次，你从三楼的楼梯上摔了下去，摔到了当中的平台上。我赶下去抱起你的时候，你脸上染了一些煤球的黑灰，但是竟然没有摔伤。我禁不住笑了起来。你便不解地问：

　　"我摔着了，你为什么还笑呢？"

我知道你误解了，赶紧告诉你："我是庆幸你没有摔伤呢，你翻滚着，一直摔下了十多级台阶，还撞到了煤球上，竟然安然无恙！"

你理解了，这才和我一起笑起来。

还有一次，是你理解着我。我们一起推着车子往家走，我想着办公室里的工作，还有回家要做什么饭菜，姥爷又病了，一时忧心忡忡。你看着我的脸色问我：

"妈妈，你是不是不高兴啊？"

我便一一地告诉你我正在思虑着的事情。

你当时有五岁吧，却已经很懂事了，安慰我说："你看月亮像不像个大烧饼啊？我给你摘个月亮吃吧。"我们俩看着天上的月亮，都开心起来。

我们就这样以母子的角色，互相分享和分担着生活中的经历，并且形成了习惯。这种习惯让我们感觉每一件事情，都不单单是一个人的，都是我们共同的、血脉相连的。在快乐的时候，我们一起分享的笑声更响亮；在困难的时候，诉说一下，就感觉有人在同自己一起面对，就轻松一些了，也有办法解决了。

我时常把刚刚读过的一本好书，分享给你。我们还时常歪坐在沙发上，看同一部电视剧，看完了，一起谈论里面的人物、情节。后来，你也时常下载一些小电影，让我和你一起看。它们大部分是一些科幻故事，我本来不很感兴趣，但我还是很愿意和你一起看，看完才觉得原来也很有意思。

你把家庭的分享和分担扩大到社会上，就是要经常和同学、朋友、同事，甚至陌生人一起分享和分担，让真诚的笑声飘荡起来，把眼前的困难应对过去。

有一个寒假，我下载了兰迪教授的演讲，让你和爸爸一起来听。兰迪是美国卡耐基·梅隆大学的计算机教授，他被确诊为胰腺癌后，在学校里向学生们做了最后一次演讲，分享他人生的快乐、经验和体悟。兰迪的语速很快，屏幕下的汉语翻译字很小，爸爸听了一分钟，没有听懂，便说没有意思走开了。你当时正在做什么事情，听了两句，也走开了。

只剩下我一个人在听。

兰迪的演讲其实也是在和人们分享他的人生，他想用最后的时间来告诉年轻人，怎样实现自己的梦想，告诉他们一些有益的经验教训，以帮助他们。能够用自己的经历来帮助他人，他感到很高兴。

他先让人们看他刚在医院做的 CT 片子，里面显示他的肝脏有十个肿瘤。他说他大概只有三到六个月的生命了，但是现在他很健康。他说此前他知道这一系列的演讲被称为《最后的演讲》时，心想这我可对上了。他还停下演讲，伏在地上接连做了四五个健美有力的俯卧撑，说要是有人想可怜他的话，那就先来做几个试试。他讲了他童年的几个梦想和他怎样实现这些梦想。七八岁的时候，他就渴望去太空旅行。后来又渴望加入橄榄球队联盟。他获得了博士学位以后，做了一所大学的教授。但他一直没有放弃自己的理想，他曾经假冒记者，与学生一起参加零重力体验。再后来，他争取了一个去迪士尼做电脑设计的机会，并且成为虚拟动画的顾问。后来，他在大学里设立了虚拟动画的课程，有了很多优秀的学生。他说他终于做了这样一些有意义的事情，改变了一点世界。

这是我听过的最出色的演讲，最出色的语言，最出色的思维，最出色的幽默，最出色和感动人的人生。我无法表达我听演讲的感受，除非你亲自来听一听，否则真的难以言表。我看到现场那些凝神倾听的女生、男生，上了年岁的家长、学者，都同他一起笑着、感受着、分享着。兰迪向人们讲述的他的挫折和困难，都已经解决了，所以他现在不需要人们同他一起来分担什么了。

演讲结束以后，兰迪教授获得了好几个证书，他的妻子抹着泪水，同他握着手。但是最感人的还是他的一位朋友，他回忆了他们之间的往事以后大声说："兰迪，我爱你。"

他同兰迪拥抱在一起。他是兰迪的朋友，最能够理解他人生的那些还没有全部实现的理想。我看到不时地微笑的兰迪，第一次用手蒙着自己的眼睛。他的手有些颤抖。

我详细地写下了兰迪的演讲，以说明能够与人分享和分担人生中的一些事情，即使是疾病与艰难，是多么好，多么有益！

你现在要离开家、独自在外生活，有一些细微的事情，我和爸爸也许不能及时地分享和分担了。但我依然希望你能告诉我们，不能告诉我们的时候，可以让身边的人，比如同学、老师、朋友和室友，来分享和分担你的快乐、困难。特别是在你需要的时候，一定不要有顾虑，相信总会有人理解你，也总会有人帮助你。让他人分享和分担你的经历，也是对他人的一种信任。

你也要尽其所能地分享和分担你周围人的快乐、困难，在他们幸运、顺利的时候，给他们一些真诚的肯定、赞美；在他们处于困境的时候，给他们一些帮助和宽慰。他们会因此而放大心中的快乐、减轻一些痛苦，也会因此而感激你。

分享和分担是两方面的事情，一个人与另一个人，或者一个人与一群人，就像两个朋友心心相印，就像爱人之间相濡以沫，也像作家把一个故事写了出来，让更多的人读到和理解它。

能够有人分享和分担你的生活，是多么美好；能够分享和分担他人的生活，也是多么美好！

过一种高级、美好的生活

　　我的一个好朋友经常带给我一些影碟，说她刚刚看过，很好的，要我也看一看。

　　我看它们的内容，不是生活贫困的人的故事，就是单身的、同性恋的、残疾人的经历。这些人被生存逼迫得不是抽烟，就是忧郁、哭泣，甚至吸毒追求极乐。我这个朋友的生活也有一些问题，她是一个善良的人，但是性情软弱，独立生活能力差，她离婚后没有再婚，不得不与那些有家庭的，甚至她不喜欢的男人约会、同居。她一个人做事情时，经常孤独、忧郁得哭泣。她也学会了抽烟。这些故事也是她生活的一些反映。

　　看这些故事的时候，我心里充满了悲悯，不幸是由很多原因造成的，我理解他们，但是他们也让我沉思，为什么不努力地去改变一下命运呢？他们遭遇的不幸中，也有他们性情、行为的原因。

我插队农村的时候，看到过很多贫穷的家庭，他们和睦地生活着，辛苦地劳作着，家里收拾得干干净净，衣服的补丁也缝得那么细密、工整。

有一个在火灾中失去了双臂的女孩，就用脚来翻书、写字。她的脚不能穿袜子，冬天总是冻得溃烂、流脓。在学校里，总有一些同学歧视她。但她一直克服困难，读完了大学。优秀的学习成绩让她快乐，让她感觉到了自己的能力。她的家在农村，母亲在她上中学的时候就去世了。她一直靠奖学金和勤工俭学生活。但是她在一个男同学的父亲生病住院的时候，却拿出了自己积攒的二百元钱去帮助他。

雨后，在一条泥泞不平的街道上，一个人提着裤脚，边抱怨边向前走。后面的一个人，却找了三块砖，用它们铺垫成路，接续着往前走，边走边高兴地说："这是一座移动的桥呢，真有趣！"

生活的幸运与不幸，富裕与贫困，都不是一个人过低级生活的理由，因为它们能激发人的动力，让人更好地度过一生。

我想如果我是贫穷的，那么我可以干净。我可以用清水洗净我的脸、衣服，让它们散发出太阳的芬芳；如果我的腿有残疾，我就用大脑来做事情；如果我失去了爱情，我可以全身心地爱一个孩子。在我孤独的时候，我可以读书、写作，或者倾听自然的声音，感受季节的变化。我甚至可以把昆虫的鸣叫谱成乐曲。

生活的趣味、美好和要求，被环境影响着，但更来源于我们心灵。

我喜欢看一些纯洁、自制、勇敢，一步步地去改变环境和命运，有精神生活的故事。

人们的生活是有不同的要求与差别的。低级的生活是那些处在污浊的地方、心灵也龌龊的人，他们无知、任性、鬼混、放纵、粗野、贪婪、侵犯别人、堕落，并且不去改变自己和环境。

那些下了班没有事情做，就喝酒打牌的人，他们一会儿就争吵起来，然后突然就动起了拳脚，你揪住我的衣领，我打你几拳，最后动起了刀子。

一个被经常酗酒的父亲强暴过的小女孩长大了，心里留下了深重的创伤与阴影。电影《阿甘》里的珍妮就是这样的一个女孩，她的眼神里永远有一抹忧郁。她自己后来也变成了一个吸烟、随便与男人相处的女人。

十六七世纪，西方的一些追求生活自由的年轻人，早早地离开学校，留起长发，出入在海滨浴场和俱乐部，他们纵欲，吸毒，被称为嬉皮士。但是他们并没有享受到比别人更多的幸福，他们的身体早早地就垮掉了，很多人染上了艾滋病。那些流产过多的女人，切除了子宫，患了乳腺癌，留下了难以治愈的妇科病，精神也处在空虚和无聊之中。他们只是把一生的美好，在几个夜晚就挥霍掉了，留下来的却是难以打发的漫长的人生。大部分的嬉皮士老年的时候，都没有工作，没有稳定的收入，他们处境艰难，完全失去了生活的能力和快乐。而他们留下来的那些孩子，大都是被祖父母、外祖父母养大的，父母不正常的生活导致他们心理、情感的不正常，他们也成为孤独、忧郁，没有家庭和婚姻观念的一代。

我们也来看看什么是高级的生活。

我们经常一起看一个英语节目，那个主持节目的男孩，总是穿得那么干净，他矮小的个子，头发只留下中间的一道向后梳去，显得那么清纯、帅气，他的口语也非常好。他每天都拿出一定的时间来准备这个节目，然后在节目顺利地录制好以后，他会度过一个轻松的夜晚，他也许会喝杯咖啡、听听音乐，或者去打两个小时的乒乓球。有朋友聚会的时候，他也肯定是风趣和幽默的。他会给异地的父母打个问候的电话，还会与女朋友一起，去商店里购物。

这样的生活就是高级的，干净的，不躲躲藏藏的，积极努力的，符合社会要求并且受人尊重的，就是突然做错了一点事情，也是被理解和包容的。

高级的生活里面，一定有一些高尚的行为。

写了《词语》和《存在与时间》的法国哲学家萨特，他七十多岁的时候，有时会小便失禁。但是他还会与别人开玩笑，并且把生活不能自理，看作是丢人的事情。他是世界上第一个拒绝了领诺贝尔奖的人，他认为自己对生命和生存的认知，是那些授奖的人也不能理解的。他始终把自己的思想、行为放在一个最高标准。

还有那个在寒冷的雪夜里离家出走的俄国老人托尔斯泰。他已经八十多岁了，写下了《战争与和平》等很多优秀的文学作品，他本应该在庄园温暖的壁炉前面饮酒享乐的，但是他深怀着理想，想着那些穷人，想着不能让自己堕落下去……

美好、高级的生活，应该有充足的物质，有自由、从容的心态，更应该有高级的思想和行为，有正当、努力的进取，也有坚决的摒弃。习惯于真诚、谦和、彬彬有礼，在重要的事情上也坚定不移，是有胸怀、修养、智慧、奉献、受敬重的人，也是经常感到充足、美好、幸福的人。

我们要尽可能少地说谎话、空话；尽可能多地简朴、平和、幽默、开心。胸怀大志又踏实地走路。不嫉妒那些有所长的人，并且经常赞美他们。嫉妒是很容易产生的一种人性，但它只会伤害别人，也伤害自己。最好的办法是经常观察周围，向那些优秀的人请教、学习，也踏实地努力，发展自己所擅长的，总有一天，你也会得到别人由衷的赞美。这些也是高级生活的一部分。

我经常被一些高尚的人类行为感动得泪流满面。但是小时候，读一些纯洁、高尚的故事给你听，我也会担忧。一个孩子，如果只是这样，是否能在复杂的社会中成长、生存下去？是否能在人们大都自私、贪婪的环境里，生活得从容、快乐，不被侵犯和伤害？

有一次我们随团旅游，吃饭的时候，饭菜刚上来，就有人把可口的几乎全抢到了自己的碗里。我们却不好意思这么去做。一个星期里，我们都只能吃这些人抢剩下的饭菜。

我和你在路口等待绿灯，一个骑自行车的男人撞倒了我，我说他不该闯红灯的，他就挥着拳头要过来"修理"我。

我们大院里的一个男人，也动手打过家人、大院里的人，还骂过爸爸，他说你总是有声音影响到他。你那时才四五岁，正是顽皮的时候，总是忍不住跑动，在我外出或者午睡的时候，你又不时地出门跑动起来。我怎么向他解释，他都不能理解和宽容。

在一些企业里，掌握了权力的人，总是制定种种规则，领取比他人更多的奖金。

我们能够只用一种方式来对待身边所有的人吗？如何对待那些散发着野蛮、贪婪、凶恶、奸诈、淫秽气息的人？

　　我还不知道有没有什么好办法。并且有时候我还相信，在有些场所，无知和邪恶往往比正义、善良、谦让、真实更有力量。

　　也许美好、高级的生活应该有一个范围，也许它们最终能够帮助和影响那些低级的人，就像人类的社会还是在一步步地由野蛮走向文明一样。

做一个对人类有贡献的人

一个人的才能有大小，但每个人都是能够对他人、对社会有所贡献的。

你幼时就崇拜伦琴、居里夫人、爱因斯坦这些科学家，渴望像他们那样，在科学研究、发明创造上，为人类做出贡献，并且一直为此努力着。

但成长是一个积累的过程，我们不可能一下子就拥有非凡的能力，为人类解决大难题，做出大贡献。我们只能从一点点的小事情做起。重大的创造发明是贡献，有益的小事情也是贡献。

比如上学时，我们可以对班级有贡献、对学校有贡献。记得你在幼儿园时，经常为班里的小朋友们讲故事，小朋友都喊你"故事大王"；你上小学后，为班里的图书箱捐书，让同学们阅读；中学时，你代表学校参加化学、物理竞赛，在全省、全国都获得了大奖；现在，你经常为室友打热水，照顾生病的同学，为贫困的同学买车票等。这些都是对他人、对集体的贡献。

当我们进入一个重要的科研团队、工作单位时，也要承担起自己的职责，甚至承担起一些领导的职责。我们能够承担得越多，做得越好，说明我们的能力越大。

我们生活在家庭中，也应该对家庭有所贡献，比如照顾年老的祖父母、外祖父母，关爱生病的父母，关爱兄弟姐妹等。

192

在做好一些小事的同时，也一天天、一点点地学习、积蓄自己的能力，在拥有了足够的能力以后，就能够对人类做出较大的贡献了。

《百步穿杨》的故事，说的就是我国春秋时期楚国的名将养由基，幼时拜师、苦练，后来成为神箭手，拥有了报效祖国的能力。

初始，他的师傅在五十步远找了一棵柳树，在柳树的三片叶子上做了标记，要求他练习一箭把它们射下来。

养由基开始练习，他逐渐能射中一片树叶了，后来能射中两片树叶了。他继续苦练，却怎么也射不下三片树叶来。

他灰心地说，这三片叶子不在一条直线上，箭头又不会拐弯，怎么能一箭射中呢？

师傅耐心地启发他，要崇本息末，以不变应万变，终能出神入化，无往而不胜！

养由基领悟师傅说的道理，更认真地观察、练习。他看到树叶在微风吹拂下来往晃动。有着标记的那三片树叶，有时向左交错，有时向右交错，有时竟然重合到了一起。

于是，他拉弓引箭，在风中凝目注视、判断，当三片树叶即将重合的刹那，一箭将标有三片记号的树叶都射了下来。

逐渐地，由五十步到一百步，他在一天天一箭箭的苦练中，多年后，就有了百发百中、百步穿杨的神功！

养由基后来在保家卫国的连年征战中屡建奇功，成为令人景仰的楚国名将。

北宋时期的范仲淹，两岁时父亲病逝，母亲改嫁，但他在孤苦的童年发奋读书，立志成年后济世报国。为了求学，他寄宿于寺庙、书院，时常喝粥充饥。除了苦读一本本寻求到的经典书籍，每天清晨，他还坚持练功习武，以备战场之用。他曾经问一位算命先生，他日后能否成为宰相，或者成为医生。算命先生惊愕于他的口气之大与两种志向的不同，范仲淹解释说："良相能够救国，良医能够救命啊！"这就是我们现在常说的"不为良相，便为良医"。范仲淹后来不仅在《岳阳楼记》里，写下了"先天下之忧而忧，后天下之乐而乐"的伟大人生观，也在几次为官时，清廉为民，带兵戍边，抵御了外来者的侵略。文韬武略，都达到了少有人企及的高度。

东汉时的司马迁遭受宫刑后，忍辱负重，继续撰写《史记》，他每天在简陋的居室内，在一片片竹简上奋笔疾书，心伤、病苦，经常使他汗湿发背。但他以"究天人之际，通古今之变，成一家之言"的史学精神，用纪传体的形式，记载下从上古传说中的黄帝时期，到汉武帝元年，长达三千多年的历史，为我国留下了一部影响至今的伟大史学著作。

每读《史记》，我们都会心生感动与敬仰。

能够为人类的生活做出一点贡献，是一个人有责任、才能、力量的表现，也是光荣、受人敬重的。人们总是感激、赞扬和铭记着那些做出贡献的人，把他们的生平事迹写到书本里，刻到石碑上；用他们的名字来命名城市、街道、学校，甚至一些星球。他们也因此获得一定的社会地位、物质报酬。

美国的首都华盛顿，就是以为美国独立做出了巨大贡献的华盛顿的名字命名的；为了纪念张衡、祖冲之、郭守敬这些为中国科学技术做出贡献的历史名人，我们也以他们的名字命名了一些星体；而人们公认的最有权威和影响的诺贝尔奖，则每年对在物理、化学、医学或生理学、文学、经济学以及和平这六个领域里，为人类做出最重大贡献的人颁发奖项。

我们的生活中，到处是前人做出的贡献。我们居住的房屋，照明用的电灯，治病用的中西药，交通用的车辆，书籍上的文字，都是一代代人们的发明创造。有了这些发明创造，我们才有现代的文明生活。

当我们对家庭、他人、社会有所贡献时，我们的智慧、才能、力量得到了施展，生活就一定会是充实、有意义的；心里一定也是欣慰、快乐和美好的。

记得姥爷查出肺癌后，我痛苦不已。我每天上班时，都从市场上买些食物，去看姥爷，然后再走去上班。由于走路多，脚上磨起了血泡。但这样尽力，让我心里的痛苦减轻了一些。

在写作上，三十多年来，我也是每天做"功课"，感受生活、读书、写作。有时突然有了灵感，即使是深夜，也拿起纸笔写下来。

我们现在都可以一天天、一点点地积蓄能力，做好自己每天的功课。那些想在体育、艺术上有所成就的人，都是每天要坚持训练的。

我们要想在任何一个专业上，有非凡的技能，除了心怀志向，还得每天坚持做功课，也做好生活中的一件件小事情。

感谢那些帮助过你的人

　　我们都是被养育着成长起来的。幼小时，我们没有独立生活的能力；成年了，也会由于缺乏经验和某些方面的能力，而不时地遇到困难，需要他人的帮助。

　　自幼至今，有很多为我们付出过关爱、劳作的人。他们是父母与其他一些家人；学校里的老师，也给予我们很多关于学业、做人的教诲；而不同时期的伙伴们，也与我们相伴着成长，与我们一起嬉戏、欢笑、伤心，留下了一些难忘的友谊。

　　天地万物是养育我们的自然环境，它们给予我们阳光、水源、食物、季节轮换这些生命生存的基本条件。

　　而如果没有养育、关爱、付出、相助，生命的世界就会是冷漠、孤独、残酷，甚至难以生存下去的。

　　所以我们要逐渐地领悟这些养育、帮助、陪伴，领悟自然环境、社会环境中的含蕴，领悟它们与我们的关系。

我们更要心存感激，并且适时地表达对他人的感谢、感恩。

我们有很多方式表达感谢、感恩，当面的感谢、书信表达、节假日的问候以及适当的礼物，都能够表达我们的心意。我们可以在得到他人帮助时，及时说声感谢；可以在教师节时，给老师发个短信，问候和祝福他们安康、快乐；可以在节假日，陪伴一下年迈的家人；可以在他人需要帮助时，也帮助他们。我们真诚地感谢，发自内心，可以不拘形式，甚至不需要贵重的礼物。

人类学家莫斯研究过广泛的人类生存互助、互惠现象，在他所著的《礼物》一书中，认为人们互相之间赠送的每件礼物，都是有灵魂的。人们在节日里互赠的礼物，承载着相互的感情与联系；人们去探望病人带的礼物，承载着希望病患康复的心意；人们在家人、朋友生日时，送上蛋糕、鲜花，是希望他们生活圆满、美好；母亲们给远行的孩子缝制鞋子、编织平安符，是希望他们在异国他乡，能够平平安安……这些礼物所承载的人们的关爱、祝福、心意、期望，就是礼物的灵魂。

我的一位中学的老校长，有很多农村的学生，这些农村的学生毕业后，经常带上自己家里的农产品，回学校看望老校长。而老校长挂在家中，对人提起的总是学生们送他的一块木匾，上面写着"烛光引路"四个大字。我有一次去看望他，他抚摸着木匾告诉我，这是学生们对他教育的肯定、回报，看到上面这四个字，他就很欣慰、满足了。

记得你幼时体弱，刚去幼儿园时，我很担心你不适应，但是一个叫海男的男孩子，每天见面都给你一个大大的拥抱；一位温和的女老师，经常照顾你，并且夸你聪明，告诉我你每天在幼儿园的表现。他们帮助你适应和喜欢上了幼儿园的生活。我至今记得和感激他们。

我们自己平安、强壮、美好地成长，不时地取得一些成就，也是对那些关爱、帮助过我们的人的一种感激和回报。你中学时，有一位物理老师，总是辛苦地辅导学生，哪一个学生有了成绩，他都由衷地高兴。记得他曾告诉我，他相信他辅导过的学生中，有一天会有一个在物理学上取得大成就，说不定会获诺贝尔物理奖呢！"那时候，我会多么欣慰和骄傲！"

接受、领悟与感激他人的养育、帮助，是一个人的美好品质。这感激、回报，慰藉着付出者，也推动我们向着美好成长。人类有很多有关感恩的信条与故事，如"谁言寸草心，报得三春晖"，其意就是太阳明亮、温暖地照耀着小草，小草也会以自己的生长来回报太阳的光辉。

美国的感恩节，是早期移民为了感恩土著印第安人给予他们的帮助。当初英国的第一批清教徒，乘坐"五月花"号轮船到达美洲时，遇上了寒冷的冬天，他们缺乏食物，没有御寒的衣物，在饥寒交迫中，是印第安人给他们送来了生活必需品，还教他们怎样狩猎、捕鱼和种植土豆、玉米。在印第安人的帮助下，这些移民安居下来。为了感谢上帝和印第安人的帮助，他们在收获的日子，都会邀请印第安人一起分享食物，庆祝丰收，也以此来感恩印第安人的帮助。美国独立后，林肯总统就选定了一个具体的日子，作为全国的感恩节。

除了感谢、感恩，我们拥有能力后，也要去养育、关爱、帮助他人。

天地万物循环，生命就这样互相联系、作用着生存繁衍，把美好的付出、感恩留在我们的身心里，并且传承下去。

我们会记得雨天父亲抱着我们奔跑、生病时母亲的彻夜守护；记得毕业典礼上校长语重心长的叮嘱；记得在生活的困窘中，身边人的温暖、鼓励与一点资助……

感激、感恩，会让我们感受、理解他人的关爱、付出以及与我们生命的联系，让我们心怀温暖、美好；而回报则让我们背负起希望，去增强自己的智慧、力量，去付出和帮助他人。

让我们记下这些感恩的词语吧：

孝子之至，莫大乎尊亲；尊亲之至，莫大乎以天下养。

哀哀父母，生我劬劳。

滴水之恩，当涌泉相报。

衔环结草，以恩报德。

一饭之恩，当永世不忘。

吃水不忘挖井人。

没有感恩就没有真正的美德。

鱼知水恩，乃幸福之源也。

报一声平安

你第一次离家远行是高中时，与几个同学暑假里去云南旅游，我看着车上的你，叮嘱你走到哪里都及时告诉家里一声。你以后出远门时，就真的走到哪里都给我发一条短信，说已经到了，或者是很好。

我和爸爸一天天看着你长大，如果哪一天不知道你去了哪里，不知道你遭遇了什么事情，我们真是会满世界寻找的。我们知道你在哪里，在做什么事情，心里就安宁了。

在四川高山镇的汪家山社区，有一条小巷，小巷里有一位卖菜的母亲，她有一天找不到六岁的儿子了。她找遍了周围的村镇都没有，便丢下菜摊到外地去找，过了半年多，还是没有找到。她回到家里，经常对着儿子的照片思念、痛哭。后来这条小巷拓宽，房屋拆迁，人们都搬走了，但是这位母亲搭了个简陋房，还是留在小巷里，一天天地等她的儿子。她怕她走了，儿子回来却找不到家了。她一直相信儿子有一天会回到她身边。十六年过去了。十六年里，儿子多次从他被拐到的一个山村逃走，他保留着一点点熟悉的记忆，要回到他亲爱的妈妈身边。十六年以后，在公安人员的帮助下，儿子终于回到了小巷，找到了一直等待着他的母亲。

听了这位母亲的心酸经历，你就会理解，我为什么要你走到哪里都告诉我一声。母亲是不能丢了她的孩子，不能不知道她的孩子在哪里的。即使孩子已经成年，不需要她的养育，那也还是她的孩子，是她人生的最爱，她还是牵挂着，她要知道孩子在哪里，是不是平安、快乐。如果不知道自己孩子的下落，会让母亲魂不守舍、寝食难安。

所以，你离开了家以后，我要知道你去了哪里。

记得有一次，你放学以后，没有回家，我焦急地四处找你。你给我打来了一个电话，说你跟同学在一起。我再打回去的时候，就是一片乱哄哄的声音，有人告诉我说是网吧，就挂了电话。我就一个一个网吧地去找你。我找遍了学校附近所有的网吧，也没有找到你，就给 110 打了电话。我给 110 打完电话，你已经回家了。要是有一天，我不知道你去了哪里，我想我和爸爸一定会走遍天涯海角去找你，一直找下去……

家乡对于一个人的意义，就是血脉相传，生命诞生、养育的经历；就是保留下来幼年生活的记忆；就是留守在那里一天天衰老下去的父母、房屋，他们在倾听着儿女传递的生活信息。而平安，是每个人生命最重要的。生活中有各种难以预测的事情，人生要经历很多困难、躲过很多危险，如疾病、交通事故，甚至战争等，平安是最基本的生存保障，也是最重要的生命信息。

现在你已经养成了习惯，每走到哪里，都会告诉我一声，有时候累了或者是忙事情，就只告诉我一个"好"字。

我的手机里排满了你的"好"字。但是有一个这样的"好"字，我的心就安宁、踏实了，就知道你是平安的了。

平安、健康，然后多加努力

你从小肠胃不好，吃饭不多，身体瘦弱，这是我经常担心和为此自责的。父母亲最应该做好的就是给予孩子健全的身体，而我和爸爸却没有做到。怀孕十个月，我一直有严重的妊娠反应，几乎吃下什么都会呕吐，这多少影响了你的发育。你出生四天，又生病住了省立医院小儿科，炎热的天气里，疾病和特别差的护理让你脱去了整整一层皮。每想起这些，我都心疼不已。

身体瘦弱，在一些艰苦的事情上，你就没有那么多的精力和耐力，就会心有余而力不足。

在你幼年那些生病的日子，我总是虔心地祈祷着，只要你平安、健康就好。我也想很多办法调剂饮食，陪你参加爬山、跳绳、打球等活动，增强你的体质。

离开家以后，你将在学校里度过好多年的单身生活。我希望你从这个学校到那个学校，甚至出国留学，都要管理好自己，让自己作息有度，温饱适宜，保证身体健康、精力充沛。

这种作息有度、温饱适宜的生活，就是白天学习时要专心，晚上尽量不熬夜，在十二点前上床休息。在食宿上，尽可能住得舒服一些，吃得营养均衡一些。

比饮食起居更让我担心的是人身安全。交通、天气变化、疾病、人与人之间的冲突等。一位台湾的母亲，在第一天送孩子上学以后，极度忧虑，她写下了："社会啊，我把我最宝贵的孩子交给你了，我担心着交通、教育和很多问题，多年以后，你会还给我一个什么样的成人……"

出门在外，你要注意各方面的安全：

外出时放松，放下思考的一些事情，无论步行还是骑车、坐车，都注意看好周围的交通，避开那些横冲直撞的车辆。如果去一些特别偏僻、有危险的地方，最好约一个伙伴，或者走前跟熟悉的朋友说一声。

生病的时候，先判断一下是什么原因引起的，如果腹痛、呕吐，可能是吃了不洁的食物；如果头晕、呕吐，可能是血压或者是颈椎的毛病；如果发烧、咳嗽，嗓子疼，可能是感冒，就可以服点抗生素，多喝点温水。体温超过了38℃，或者身体不明原因地难受，一定要马上去医院，不能大意。

宿舍里可以备下感冒冲剂、黄连素、创可贴、体温计这些常用药和物品。

这个时代已经远离大规模的战争了，但是人们还是经常有些观念、利益的冲突，有些人品行不良、为非作歹。平和的态度是解决麻烦和争端的最好方式，必要的时候，可以放弃自己的经济利益。

与别人发生冲突的时候，要冷静、理性，任何时候都不可先动手，武力伤人，不能真正地解决问题。如果有人粗暴地打了你，可以躲避，但不要回击，打伤别人并不意味着胜利。你不回击，他反而可能冷静下来。如果是不怀好意、邪恶的人，你的回击会引起更强烈的冲突。这时候，要尽快离开现场，到安全的地方，或者到有人的地方去寻求帮助。

遭遇歹徒抢劫的时候，要暂时顺从他们的要求，把车子、钱包等物品交给他们，在生命面前，这些都不重要。如果看到歹徒在抢劫别人，周围有人的话，你可以上前援助，看不到更多的人，就不要冒险上去，要退到安全的区域报警，你的报警就是对受害人的帮助。那些为非作歹的人，大都是些亡命之徒，所以一定不要豁上自己的生命，见义勇为要采取伤害最小的方式。

有关第二次世界大战的那些纪录片中，年轻的战士像刘草一样倒在血泊里，永远闭上了他们纯真的眼睛。他们都是父

平安、健康，然后多加努力

母深爱的孩子哪！所以我是一个坚定的反战者，不管是正义的还是非正义的战争。美国一个叫哈利的十六岁男孩子应征入伍，他所在的步兵团从北非打到欧洲战场，一个团里最后就剩下三十几个人。战争胜利以后，他回到了田纳西的家乡，翻过山坡以后，他看到了自己家的房子和正在晾衣服的妹妹，妹妹则狂喊着他的名字。多年以后，七十多岁的哈利回忆起他当年看到父母和妹妹时，再一次涌出眼泪："那是我永远忘不了的，我不知道怎样形容我的心情，战友们都死了，我活着回来了，我不知道是幸运还是不幸。父亲紧紧地拥抱着我说，孩子，我们终于可以睡个好觉了！"

家庭能在你没有能力的时候爱护你、给予你。你要与相爱的人一起，建立一个温暖、安宁、有益于身心的家庭，并且养育好子女。

你小时候，无论是去上学，还是在楼下玩，我心里都不安宁，直到你回家。

为了你的学习和研究、你人生更好的发展，我愿意你离开家，去北京求学，以后去异国他乡留学，甚至在遥远、陌生的地域安家、生活，一年都见不上一面。我只是会像天下所有的母亲一样，牵挂着你，每天向着远方为你祈祷健康、平安。

我加入了"儿在美国"的一个家长群，为你以后的留学做准备。这些把孩子送出了国门的父母，经常在群里述说着心中对孩子的牵挂、思念。有一天，我问大家对孩子的最大期望是什么？这一句简单的问话让大家沉思了半晌才纷纷回答：

> 我最期望孩子平安了。
> 平安是福，我期望孩子平平安安！
> 平安！
> 平平安安！
> 平安，健康，学业顺利！
> ……

我把这些父母的期望集中起来，看到几乎每个人的期望里都有着两个字："平安！"

我对你的期望也是：平安、健康，然后在这个基础上再努力。

在有了稳定、安宁的环境，有了健康的身体、充沛的精力之后，儿子，我想你应该为学业、事业而努力。在每一天，都先做好一些重要的、有益的事情。人生短促，每一天都是一个好日子，应该心情愉悦。你小时候，我们一起谈论过"书山有路勤为径，学海无涯苦作舟"这句俗语的朴素道理，我还告诉你要做一个勤奋的人，因为天道酬勤，努力就会有进步、有成果，劳动的规律就是一分耕耘一分收获。而有了进步、成果，人才能真正地充实、快乐，因为它们是生存的保障。人都有惰性，喜欢玩乐，但是长期惰而不做，就会空虚起来，失去锐气和能力，也失去快乐。而当你一点点地完成一些艰难的事情，甚至他人没有做成的事情，有了经历也有了成果，并且获得了人们的赞誉，怎么能不快乐呢？而当别人大都因为努力而获得了成果，你却因为松懈、懒惰和玩乐而两手空空，又怎么能开心、快乐呢！

平安、健康、努力，这是人生很美好的境界呢。

经常打个电话回家，让我和爸爸知道你平平安安、健健康康，知道你保持着进取之心，并且不时地有一些进步和成果，我们就会无比欣慰和幸福！

后 记

　　上大学以后，我和爸爸第一次去看你。我们等在北大的西南校门，那里已经拥挤着很多想开进学校的车。我向里面张望的时候，你已经跑了出来。你从后面拍了爸爸一下，就出现在我们面前。

　　有一个月没有看到你了，你还是穿着离家时的那件深褐色上衣，但我还是感觉到你的一些变化。你问我怎么也来了，问我冷不冷，然后就抱着从车上拿下来的褥子，带我们到你的宿舍去。我提着一个装食品的包，你又揽了过去，背到你身上。

　　深秋的夜晚，风吹着校园里的树木，落叶飘到人行道上，只是灯光暗淡，看不到它们斑斓的颜色。来来往往的学生中，有一对对并肩拉手的男女生，他们悠闲而快乐。而那些单身的女生或者男生，都是背着书包匆匆地走过。

"北边就是未名湖，那儿有一个大门，就是人们经常说的北京大学的西校门，很多人都来这里拍照留念。"你指点着向我们介绍。

但我更想知道的是，儿子，你在这个校园里的学习怎样、生活怎样？

我们跟着你进了宿舍。你们是四个人一间，两人一个上下铺。我看了你的床铺、书桌和衣橱，我还推开门到阳台上去，看看那儿能不能看到外面的树木，能不能晒衣服，因为这是你四年大学生活的一个固定宿舍。

然后我们去吃了一顿饭。我们涮羊肉、青菜、豆腐，在北京秋天清冷下来的夜晚，吃得很温暖。

"学习很紧张吧？"我开始问你一些学习上的问题。

"还行。我不紧张，考试能过就行。我们班很多同学都是熄灯以后，再学到一两点。他们都是高考状元，拼出来的，高中的时候就这样，习惯了。我不想这样。我想多读些课外书，思考一些科学与社会问题。"你说着你的学习目标和认识。

"那你也得考虑学业成绩，不是读研究生和出国都要排成绩的吗？"我有些担心了。

"我想改专业，学社会学或者生物学。学物理只能成为一位卓越的学者，我想为人类做出更大的贡献。"你这样说。我想起刚才在你的宿舍，床头上有一本薛定谔的《生命是什么》。

这样也好，思考一些更基本的生存问题也对专业有益。我在心里想着。你已经成年了，又在这么好的学校里，接受一些名师的教育，应该有自己独立的思想了。

饭后我和爸爸陪你走到学校东门处的自修室，月亮高高地升起来了，像天空中的路灯，照耀着一个更大的世界。你不让我们过马路，自己跑进了大楼。

第二天，我就要回家了，爸爸要去天津约稿子。我买了晚上的火车票，走的时候很想再看看你、叮嘱你一些生活上的事情。但是你下午有课，我只买了两个肯德基的汉堡放到你的宿舍管理员那里。放下它们的时候，我的眼里竟然一下子涌满了泪水。我来北京的机会不是很多，以后年龄大了，来得会更少。我也许只能在你回家的时候看到你了。以后你去了更远的异国他乡，见你的机会更少。

你现在已经离开了家，却还没有一个真正的家。你走进了一所大学，有老师和同学，有书桌、衣橱和一张床铺，但你还是一个单身的男孩子。你再大，也是父母眼中的孩子。作为母亲，我想知道你在这里是不是也有温暖，感到亲切？也有依赖和快乐？生病了，有没有人给你倒一杯热水？遇到困难了，有没有人可以说一说？在人生开始独立的这一段道路上，你会向哪里走去？会遇到些什么事情？

你上过的小学、中学，都在我工作的城市里，我可以经常去学校看你。但我没有能力在你整个人生的所有地方、任何时候都庇护你。你也终要靠自己去支撑起一方生存的天地。你还要逐渐成长，有能力保护衰老的爸妈，帮助社会上更多的人。

我想在大学里，你应该有一个新的学业目标，一个你向往又可以努力到达的目标。你选择了物理专业，这个专业是基础专业，要深入地研读下去，并且最好毕业以后，能够申请到奖学金，去美国留学。你把这个作为学业目标的话，就要学好专业课，学习成绩保持在前列，就要以这样的要求来安排自己的学习生活。

从小，你对事物就有着很好的感悟和认识能力，认识准确且深刻。这很适合理论物理。我想你最好还是坚持你现在的选择，你在这方面一定会有成就。

我还想跟你说的是，你每天都做着具体的事情，但也要胸怀远大，不计较一时的名次，不看重一次晚会上的风光，潜心前行，到你抬起头来的时候，你会发现已经走到了很高的境界，已经在某一领域具有了强大的能力。

有了能力，你就有了立身之本，有了名誉、光荣，会受人尊重。大型的动物都是凭借自己的能力，来占据地盘和获得生存资源，甚至带领群体生存的。你可以说你不想要地盘，不想只为了自己，但是你不可以没有能力。没有能力你就会受人欺负，只能看着那些野蛮、邪恶、愚昧的人，统治着各个王国和领域，而很多善良、无能的人陷入困境，甚至战争。

你还要珍惜时间。聪明的人说，不是时间从身边流逝了，而是生命从时间中流逝了。一个学期就要过去了，四年的大学时光也会匆匆而过。在这四年中，要努力地完成学业，还要积极参与一些社会活动，广交朋友，丰富自己的人生。

你的身体一直瘦弱，你要吃好饭，把吃饭当作一种放松和享受。你还要坚持锻炼身体，早晨起来跑步，一个星期打两次球，如果冬天不想走出去，就在宿舍里练练哑铃。身体需要经常活动，出一身汗，才能气血畅通。

大学是一个通向社会的训练场，在这个充满活力又安宁的环境里，要制订可行的计划并管理自己，刻苦学习专业知识，提高自己各方面的能力。当你从这所大学的校门走出去的时候，你所经历的，都会成为美好、有意义的回忆。

人生，就是这样一些连续的、美好的经历。

我在上地铁的时候，接到了你的电话，你问我知道怎么坐车吗，说你想下课送我。我的眼泪又涌了出来。你开始像我以前关心你一样关心我了，我知道你真的长大了。

儿子，你独立的生活已经开始了，世界丰富又辽阔，有很多神奇、美好的事物。我手中的线已经松开，任你向悠远的蓝天飘荡。高高地飘荡吧，循着正确、美好的方向，并且平安、快乐!

想念你的时候，我会仰望北方的天空。

每天都为你祝福的妈妈